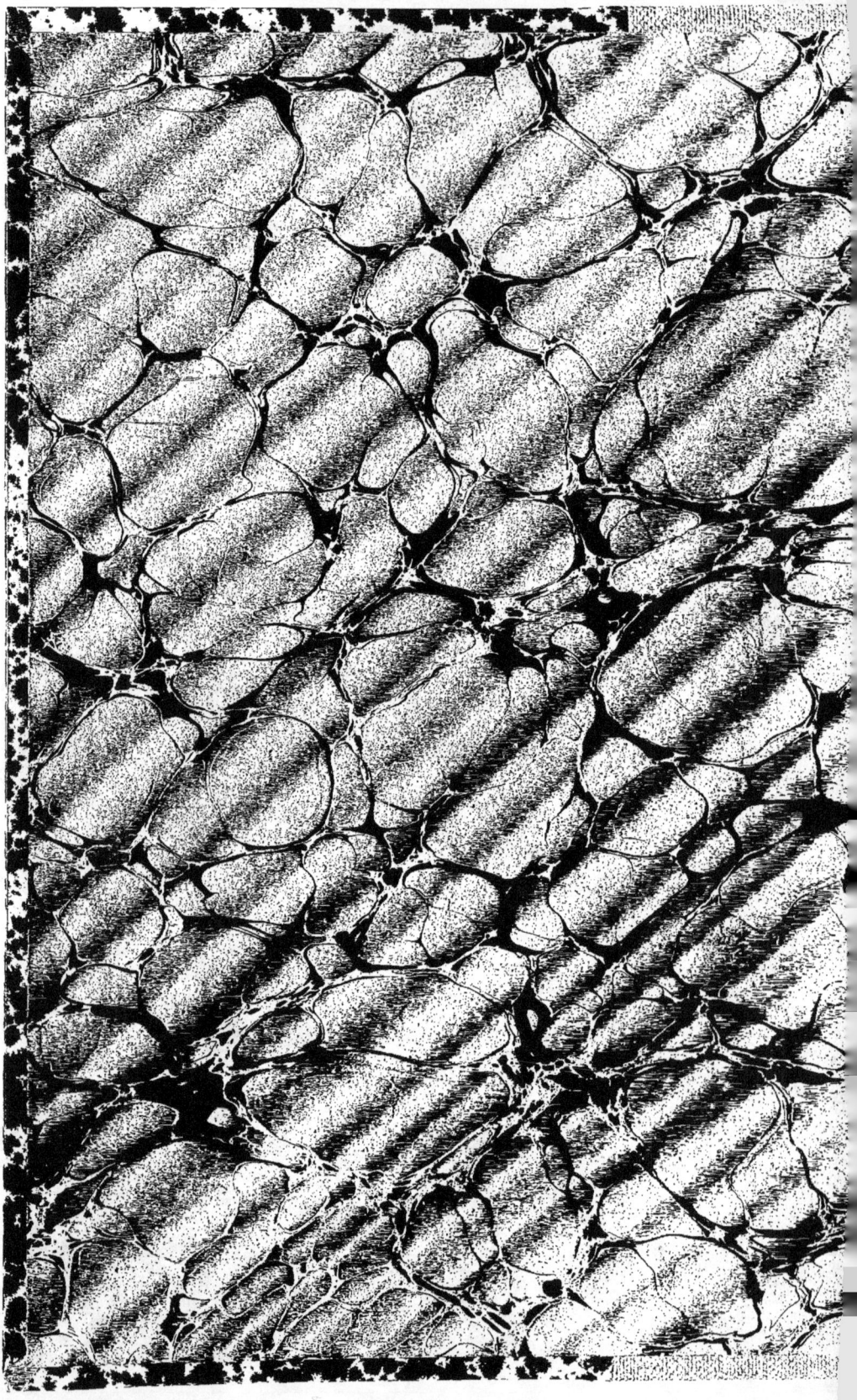

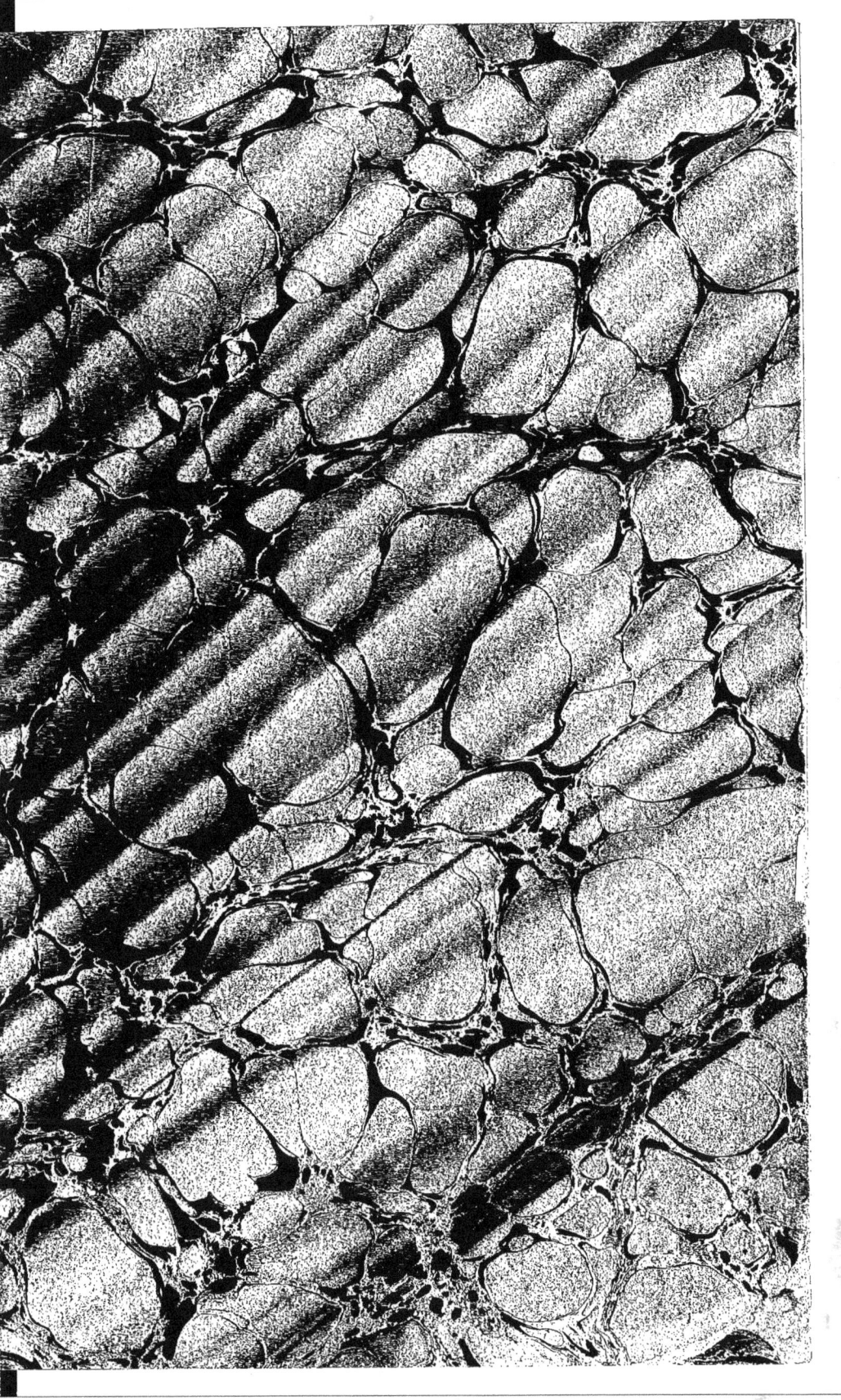

L'ORGUEIL

LA DUCHESSE

LES SEPT PÉCHÉS CAPITAUX

— Première partie —

L'ORGUEIL

I

SOUS PRESSE :

L'ENVIE — LA COLÈRE — LA LUXURE
— LA PARESSE —
L'AVARICE — LA GOURMANDISE

Imprimerie Lacrampe fils et Comp., rue Damiette, 2.

L'ORGUEIL
LA DUCHESSE

LES SEPT PÉCHÉS CAPITAUX PAR E. SUE

PÉTION ÉDITEUR N°11 RUE DU JARDINET

1849

I

> ..... Elle avait un vice... L'ORGUEIL, qui lui tenait lieu de toutes les qualités.

Le commandant Bernard, enfant de Paris, après avoir servi l'Empire dans les marins de la Garde, et la Restauration comme lieutenant de vaisseau, s'était retiré, quelques temps après 1830, avec le grade honorifique de capitaine de frégate.

Criblé de blessures, souvent mis à l'ordre du jour pour ses brillants faits d'armes dans les combats maritimes de la guerre des Indes, et plus tard cité comme l'un des vaillants soldats de la campagne de Russie, M. Bernard, homme simple et droit, d'un cœur excellent, vivant modestement de sa solde de retraite, à peine suffisante à ses besoins, habitait un petit appartement situé dans l'une des rues les plus solitaires des *Batignolles,* ce nouveau faubourg de Paris.

Une vieille ménagère, nommée madame *Barbançon,* était, depuis dix ans, au service du commandant Bernard; quoiqu'elle lui fût fort affectionnée, elle lui rendait parfois, ainsi que l'on dit vulgairement, *la vie très dure.*

La digne femme avait l'humeur despotique, ombrageuse, et se plaisait à rappeler souvent à son maître qu'elle avait quitté, pour entrer chez lui, une *certaine position sociale.*

Pour tout dire, madame Barbançon avait été longtemps aide ou apprentie sage-femme chez une *praticienne* en renom.

Le souvenir de ces anciennes fonctions était pour madame Barbançon un texte inépuisable d'histoires mystérieuses; elle aimait surtout à raconter l'aventure d'une jeune personne masquée, qui, assistée de la sage-femme, avait secrètement mis au monde une charmante petite fille, dont madame Barbançon avait particulièrement pris soin pendant deux années environ, au bout desquelles un inconnu était venu réclamer l'enfant.

Quatre ou cinq ans après ce mémorable évènement, madame Barbançon quitta sa *praticienne* et cumula les deux fonctions de garde-malade et de femme de ménage.

Vers cette époque, le commandant Bernard, très souffrant d'anciennes blessures rouvertes, eut besoin d'une garde; il fut si satisfait des soins de madame Barbançon, qu'il lui proposa d'entrer à son service.

— « Ce sera vos invalides, maman Bar« bançon, » — lui dit le vétéran; — « je « ne suis pas bien féroce, et nous vivrons « tranquilles. »

Madame Barbançon accepta de grand

cœur, s'éleva d'elle-même au poste de *dame de confiance* de M. le commandant Bernard, et devint peu à peu une véritable servante-maîtresse.

Certes, en voyant avec quelle patience angélique il supportait la tyrannie de sa ménagère, on eût plutôt pris le vieux marin pour quelque pacifique rentier que pour l'un des plus braves soldats de l'Empire.

Le commandant Bernard aimait passionnément le jardinage ; il donnait surtout ses soins à une petite tonnelle treillagée de ses mains et couverte de clématites, de houblon et de chèvrefeuille ; c'est là qu'il se plaisait à s'asseoir, après son dîner frugal, pour fumer sa pipe en rêvant à ses campagnes et à ses anciens frères d'armes. Cette tonnelle marquait la limite des possessions territoriales du commandant, car, bien que fort petit, le jardin était divisé en deux portions :

L'une, abandonnée aux soins de madame Barbançon, élevait ses prétentions jusqu'à *l'utilité;*

L'autre partie, dont le vétéran avait seul la direction, était réservée à *l'agrément.*

L'exacte délimitation de ces deux carrés de terre avait été et était encore la cause d'une lutte sourde, mais acharnée entre le commandant et sa ménagère.

Jamais deux États limitrophes, jaloux d'étendre leurs frontières aux dépens l'un de l'autre, ne déployèrent plus de ruses, plus d'habileté, plus de persévérance pour dissimuler, pour déjouer ou pour assurer leurs mutuelles tentatives d'envahissement.

Il faut d'ailleurs rendre cette justice au commandant, qu'il combattait pour la justice. Il ne voulait rien conquérir, mais il tenait à conserver rigoureusement l'intégrité de son territoire, que l'aventureuse et insatiable ménagère violait souvent, sous prétexte de persil, pimprenelle, ciboules, thym, estragon, mauve, camomille, etc., etc., dont elle voulait à tout prix étendre la culture aux dépens des rosiers, des tulipes et des pivoines de son maître.

Une autre cause de discussion souvent plaisante entre le commandant et madame Barbançon, était la haine implacable que celle-ci avait vouée à Napoléon, à qui elle ne pouvait pardonner la mort d'un *vélite* de la jeune Garde, qu'elle avait passionnément aimé dans sa jeunesse.

De là une rancune implacable contre l'Empereur, qu'elle traitait cavalièrement d'ambitieux despote, d'*ogre de Corse,* et auquel elle accordait à peine quelque supériorité militaire ; ce qui portait à son comble l'hilarité du vétéran.

Néanmoins, malgré ces graves dissentiments politiques et la permanente et brûlante question des limites des deux jardinets, madame Barbançon, dévouée à son maître, l'entourait d'attentions, de prévenances ; et, de son côté, le vétéran se serait difficilement passé des soins de sa ménagère.

Le printemps de 1844 touchait à sa fin, la

verdure du mois de mai brillait de toute sa fraîcheur; trois heures de l'après-dînée venaient de sonner, quoique la journée fût chaude et le soleil ardent, une bonne odeur d'herbe mouillée, se joignant à la senteur de quelques petits massifs de lilas et de seringats en fleur, attestait les soins providentiels du commandant pour son jardinet.

Grâce à ses arrosoirs fréquemment et laborieusement remplis à un grand cuvier enfoncé à fleur de terre, et qui s'arrogeait des prétentions de *bassin,* le vétéran venait d'épancher sur la terre altérée une pluie rafraîchissante; il n'avait pas même, dans sa généreuse impartialité, exclu des bienfaits de sa rosée artificielle, les plates-bandes culinaires et pharmaceutiques de sa ménagère.

Le vétéran, en costume de jardinier, veste ronde de coutil gris, large chapeau de paille, se reposait de la peine qu'il venait de prendre, assis sous la tonnelle qui déjà se garnissait des pousses vigoureuses du houblon et de la clématite, il essuyait la chaleur qui coulait de son front chauve ; ses traits hâlés avaient une rare expression de franchise et de bonté, empreints cependant d'un certain caractère martial, grâce à son épaisse moustache, aussi blanche que ses cheveux coupés en brosse.

Après avoir remis dans sa poche son petit mouchoir à carreaux bleus, le vétéran prit sur une table placée sous la tonnelle, sa pipe *de Kummer,* la chargea, l'alluma, et bien établi dans un vieux fauteuil tressé de jonc, il se mit à fumer en jouissant de la beauté du jour.

L'on n'entendait d'autre bruit que le sifflement de quelques merles, et, de temps à autre, un fredon de madame Barbançon, occupée à récolter une petite provision de persil et de pimprenelle pour la salade du souper.

Si le vétéran n'eût pas été doué par la nature de nerfs d'acier, la douce quiétude de son *far niente* eut été péniblement troublée par l'incessant refrain de sa ménagère ; celle-ci avait voué par un lointain ressouvenir de jeunesse (qui se rapportait au *vélite* tant regretté), une affection exclusive à une naïve romance des temps passés, intitulée : Pauvre Jacques.

Malheureusement la ménagère travestissait de la façon la plus saugrenue les simples paroles de cet air d'une mélancolie charmante.

Ainsi madame Barbançon chantonnait intrépidement les deux derniers vers de cette romance, de la façon que voici :

> Mais à présent que je suis loin de toi,
> JE MANGE de tout sur la terre *.

Ce qu'il y avait surtout d'horripilant dans ce cantilène invariablement répété d'une voix aussi fausse que nasillarde, c'était l'expression plaintive, désolée, avec laquelle madame Barbançon, secouant mélancoliquement la tête, accentuait ce dernier vers :

---

* Au lieu de :
   Je manque de tout sur la terre.

Je mange de tout sur la terre.

Depuis tantôt dix ans, le commandant Bernard subissait héroïquement ce refrain. Jamais le digne marin n'avait pris garde au sens grotesque que madame Barbançon donnait au dernier vers de la romance :

Par hasard, ce jour-là, le vétéran s'arrêta au sens de ces paroles, et il lui sembla que *manger de tout sur la terre,* n'était pas une conséquence rigoureuse des regrets de l'absence ; aussi, après avoir une seconde fois prêté une oreille impartiale et attentive au refrain de sa ménagère, il s'écria, en posant sa pipe sur la table :

— Ah çà ! quelle diable de farce nous chantez-vous là, maman Barbançon ?

Madame Barbançon se redressa et reprit aigrement :

— Je chante une charmante romance... intitulée Pauvre Jacques... Monsieur, chacun son goût... Libre à vous de la trouver farce... Ça n'est pourtant pas d'hier que vous m'entendez la chanter.

— Oh! non, certes, ce n'est pas d'hier! — reprit le commandant avec un soupir d'innocente récrimination.

— Je l'ai apprise, cette jolie romance, — dit la ménagère, en poussant un profond soupir, — dans un temps... dans un temps... enfin suffit, — ajouta-t-elle en refoulant au plus profond de son cœur ses regrets toujours vivants pour le *vélite*. — Cette romance...

je la chantais aussi à cette jeune dame masquée qui est venue pour accoucher secrètement, et qui...

— J'aime mieux la romance, — s'écria le vétéran, menacé de cette éternelle redite, et interrompant madame Barbançon, — oui, je préfère la romance à l'histoire... c'est moins long ; mais que le diable m'emporte, si je comprends davantage ce que cela signifie !..

— *Mais à présent que je suis loin de toi... je mange de tout sur la terre.*

— Eh bien ! Monsieur... vous ne comprenez pas ?

— Non !

— C'est pourtant bien simple... mais les militaires ont le cœur si dur.

—Voyons, maman Barbançon, raisonnons un peu. Voilà une commère qui, dans son chagrin de ce que *pauvre Jacques* est absent, se met à manger de tout sur la terre?

—Certainement, Monsieur, un enfant comprendrait cela?

— Eh bien ! moi, pas,

— Comment ? vous ne comprenez pas... cette malheureuse fille est si désolée, depuis le départ de *Pauvre Jacques,* qu'elle mange de tout... sur la terre, quoi ! sans faire attention à rien, elle mangerait de n'importe quoi... du poison... même... la malheureuse... tant la vie lui est égale... car elle est comme une ahurie, comme une âme damnée ; elle ne sait plus ce qu'elle fait ; enfin elle mange tout ce qui lui tombe sous la main... et ça ne vous arrache pas les larmes des yeux, Monsieur ?

Le vétéran avait écouté avec une attention profonde le commentaire de madame Barbançon, et, il faut le dire, cette *glose* ne lui parut pas absolument dépourvue de sens ; seulement il hocha la tête et dit en manière de résumé :

— A la bonne heure... maintenant je comprends, mais c'est égal, ces romances, c'est toujours joliment tiré par les cheveux.

— *Pauvre Jacques !* tirée par les cheveux !! Oh ! si on peut dire !! — s'écria madame Barbançon, indignée de la témérité du jugement de son maître.

— Chacun son goût, — reprit le vétéran —

j'aime mieux, moi, nos vieilles chansons de matelot, on sait de quoi y retourne, ce n'est pas alambitiqué.

Et le vieux marin entonna d'une voix aussi puissante que discordante :

Pour aller à l'Orient pêcher des sardines...
Pour aller à l'Orient pêcher des harengs...

— Monsieur ! — s'écria Madame Barbançon en interrompant son maître d'un air à la fois pudique et courroucé, car elle connaissait la fin de la romance, — vous oubliez qu'il y a des femmes ici.

— Ah! bah! où donc? demanda curieusement le vétéran en allongeant le cou pour regarder en dehors de sa tonnelle.

— Il me semble, Monsieur, qu'il n'y a pas besoin de regarder si loin,—dit la ménagère avec dignité, — je vous crève suffisamment les yeux.

— Tiens, c'est vrai, maman Barbançon, j'oublie toujours... que vous faites partie du beau sexe... c'est égal, j'aime mieux ma romance que la vôtre... C'était la chanson à la mode sur la frégate l'Armide, où j'ai embarqué novice à quatorze ans, et plus tard nous l'avons chantée en terre ferme... quand j'étais dans les marins de la garde impériale... Ah ! c'était le bon temps ! j'étais jeune alors !...

— Oui, et puis : *Bû...û...ônapartè...* (il nous faut absolument orthographier et accentuer ce nom de la sorte, afin de rendre sensible la manière dédaigneuse et amèrement courroucée avec laquelle madame Barbançon prononçait le nom du grand homme qui avait causé la mort du *vélite*) oui... *Bûûonaparté* était à votre tête?

— Bien, maman Barbançon, je vous vois venir, — dit en riant le vieux marin, — l'*ogre de Corse* n'est pas loin. Pauvre Empereur, va!

— Oui, Monsieur, votre Empereur, c'était un orgre... et si ce n'était que ça, encore!

— Comment! il a fait pis que d'être un ogre?

— Oui, oui, riez... allez, c'est une horreur.

— Mais quoi donc?

— Eh bien! Monsieur, quand l'orgre de

Corse a tenu le pape, à Fontainebleau, en sa puissance, savez-vous ce qu'il a eu l'indignité de lui faire faire, à notre saint-père, hein? votre Bûûonapartè...

— Non, maman Barbançon ; parole d'honneur, je n'en sais rien.

— Vous ne direz pas que c'est faux, je tiens la chose d'un *vélite* de la jeune garde...

— Qui à cette heure doit être joliment de la vieille ; mais voyons l'histoire.

— Eh bien ! Monsieur, votre Bûûonapartè a eu l'infamie, pour humilier le pape, de l'atteler en grand costume à la petite voiture du roi de Rome, de monter dedans et de se faire traîner par ce pauvre saint-père à travers le parc de Fontainebleau... afin d'aller dans cet équipage-là annoncer son divorce à l'impératrice Joséphine, un amour de femme qui était pleine de religion.

— Vraiment, maman Barbançon, — dit le vieux marin, en étouffant de rire, — ce scélérat d'empereur est allé dans la voiture du roi de Rome traînée par le pape, annoncer son divorce à l'impératrice Joséphine ?

— Oui, Monsieur, pour la tourmenter à cause de sa religion, cette chère princesse, comme il la forçait aussi de manger un gros jambon tous les vendredis-saints... en présence de Roustan, son affreux Mamelouk, à preuve qu'elle était servie ce jour-là à table par des prêtres, dans l'idée d'humilier le clergé, vu que cet affreux Roustan se vantait devant eux d'être musulman et qu'il leur parlait de son sérail... et de ses effrontées bayadères, même que ces pauvres prêtres en devenaient rouges comme des bigarreaux... Il n'y a pas là de quoi pouffer de rire, Monsieur ; dans le temps tout le monde a su cela, même que...

Malheureusement la ménagère ne put continuer ; ses effrayantes récriminations anti-bûûonapartistes furent interrompues par un vigoureux coup de sonnette, et elle se dirigea en hâte vers la porte de la rue.

. . . .

Quelques mots d'explication sont nécessaires avant l'introduction d'un nouveau personnage, Olivier Raimon, neveu du commandant Bernard :

La sœur du vétéran avait épousé un expéditionnaire du ministère de l'intérieur ; au bout de quelques années de mariage, le commis mourut, laissant une veuve et un fils, âgé alors de huit ans. Quelques amis du défunt s'employèrent et firent donner à son fils une bourse dans un collége.

La veuve, sans fortune et n'ayant aucun droit à une pension, tâcha de se suffire à elle-même par son travail. Mais au bout de quelques années d'une existence pauvre et laborieuse, elle laissa son fils orphelin, sans autre parent que son oncle Bernard, alors lieutenant de vaisseau, commandant une goëlette attachée à l'une des stations de la mer du Sud.

De retour en France pour y prendre sa retraite, le vieux marin trouva son neveu achevant sa dernière année de philosophie. Olivier, sans remporter de grands succès universitaires, avait du moins parfaitement profité de son éducation gratuite ; mais malheureusement, et ainsi que cela arrive toujours, cette éducation, nullement pratique, n'assurait en rien sa position, son avenir au sortir du collége.

Après avoir longtemps réfléchi à la position précaire de son neveu qu'il aimait tendrement, et se voyant hors d'état de lui venir efficacement en aide, vu la modicité de sa solde de retraite, le commandant Bernard dit à Olivier :

« Mon pauvre enfant... nous n'avons qu'un
« parti à prendre. Tu es robuste, brave,

« intelligent ; tu as reçu une éducation qui
« te rend du moins supérieur au plus grand
« nombre des pauvres jeunes gens que le
« sort envoie à l'armée : le recrutement t'at-
« teindra l'an prochain, devance le moment,
« fais-toi soldat, tu pourras du moins choi-
« sir ton arme... On se bat en Afrique ; dans
« cinq ou six ans tu peux être officier... C'est
« du moins une carrière... Si pourtant l'état
« militaire te répugne par trop, mon cher
« enfant, nous aviserons à autre chose. Nous
« vivrons sur mes mille francs de retraite
« jusqu'à ce que tu puisses te caser quelque
« part... Je ne te propose pas d'entrer dans
« la marine, il est trop tard, il faut être
« rompu jeune à cette vie exceptionnelle et
« rude, sans cela presque toujours on est
« mauvais marin... Maintenant, choisis. »

Le choix d'Olivier ne fut pas long. Trois mois après il s'engageait soldat, à la condition d'être incorporé dans les chasseurs d'Afrique. Au bout d'un an de service, il était fourrier; deux ans après, décoré pour une action d'éclat, et, l'année d'ensuite, maréchal-des-logis chef.

Malheureusement Olivier, atteint d'une de ces fièvres tenaces que le climat d'Europe peut seul guérir, fut forcé de quitter l'Afrique au moment où il pouvait espérer les épaulettes d'officier; renvoyé très malade en France, on l'avait, après sa guérison, incorporé dans un régiment de hussards. Au bout de dix-huit mois de présence à son corps, il était venu passer un semestre à Paris, et partager la modeste existence de son oncle.

Le logement du vieux marin se composait d'une petite cuisine à laquelle attenait la chambre de madame Barbançon, d'une entrée servant de salle à manger, et d'une autre pièce où couchaient le commandant et son neveu. Celui-ci d'ailleurs, par un scrupule rempli de délicatesse, sachant la position précaire du vétéran, n'avait pas voulu demeurer oisif : possédant une magnifique écriture, ayant appris suffisamment de comptabilité dans ses fonctions de fourrier, il trouvait chez de petits commerçants de la commune des Batignolles quelques comptes à tenir; aussi, loin d'être à charge au vétéran, le jeune sous-officier (secrètement d'accord avec madame Barbançon, *trésorière* du ménage), ajoutait chaque mois son petit pécule aux 80 francs de pension que touchait le commandant, et lui ménageait même parfois des *surprises* dont le digne homme était à la fois ravi et chagrin, sachant le travail assidu que s'imposait Olivier pour gagner quelque argent.

D'un esprit brillant, enjoué, rompu dès l'enfance à toutes les privations, d'abord par la vie d'*orphelin boursier,* plus tard par les vicissitudes de sa vie de soldat en Afrique, bon, expansif, brave par tempérament, Olivier n'avait qu'un défaut, si l'on peut appeler défaut une susceptibilité ombrageuse, excessive, à l'endroit de toutes les questions d'argent, si minimes ou si indifférentes qu'elles fussent en apparence ; simple soldat et pauvre, il poussait le scrupule jusqu'à refuser même de ses camarades de régiment la plus modeste invitation, s'il ne payait pas toujours son écot; cette extrême délicatesse ayant été d'abord raillée ou accusée d'affectation, deux duels, dont Olivier sortit vaillamment, firent accepter et respecter ce trait significatif du caractère du jeune soldat.

Du reste Olivier, content de tout, prêt à tout, animait incroyablement par son entrain, par sa gaîté, *l'intérieur* de son oncle.

Dans ses rares moments de loisir, le sous-officier s'épurait le goût en lisant les grands poètes, ou bien il bêchait, arrosait, jardinait avec son oncle, après quoi ils fumaient tous deux leur pipe en parlant guerre et voyages ; d'autres fois, se souvenant au besoin de ses connaissances culinaires acquises dans les bivouacs africains, Olivier guidait madame

Barbançon dans la confection des *brochettes de mouton* ou des *galettes d'orge*, ces leçons gastronomiques étant d'ailleurs toujours mêlées de folies et de taquineries féroces à l'endroit de Bûûonaparté. La ménagère grondait, rabrouait Olivier Raimond au moins autant qu'elle l'aimait; en un mot, la présence du jeune sous-officier avait si heureusement incidenté la vie monotone du vétéran et de sa ménagère, que tous deux pensaient avec tristesse que déjà deux mois du semestre d'Olivier s'étaient écoulés.

Madame Barbançon, avertie par la sonnette du dehors, se dirigea donc vers la porte, qu'elle ouvrit au neveu du vétéran.

II

Olivier Raimond, jeune homme de vingt-quatre ans au plus, avait une physionomie attrayante, expressive ; sa courte veste d'uniforme en drap blanc (rehaussée du ruban rouge) et cotelée de brandebourgs de laine d'un jaune d'or, son pantalon bleu de ciel faisaient parfaitement valoir sa taille souple, élégante et mince, tandis que son petit *képi*, aussi bleu de ciel, posé de côté sur sa courte chevelure d'un châtain clair comme sa moustache retroussée et sa large impériale, achevait de donner à sa personne une tournure coquettement militaire; seulement au lieu d'un sabre, Olivier tenait ce jour là sous son bras gauche une grosse liasse de papiers, et à sa main droite un formidable paquet de plumes.

Le jeune sous-officier ayant déposé ces pacifiques engins sur une table, s'écria joyeusement :

— Bonjour, maman Barbançon.

Et il osa serrer entre ses dix doigts la taille ossue de la ménagère.

— Voulez-vous bien finir... mauvais sujet!

— Ah bien oui... je ne fais que commencer... il faut que je vous séduise, maman Barbançon.

— Me séduire, moi?

— Absolument... c'est indispensable... j'y suis forcé.

— Et pourquoi?

— Pour que vous m'accordiez une grâce, une faveur!

— Voyons... Qu'est-ce que c'est?

— D'abord... où est mon oncle?

— A fumer sa pipe sous sa tonnelle...

— Bon... Attendez-moi là... maman Barbançon, et préparez-vous à quelque chose d'inouï.

— A quelque chose d'inouï? Monsieur Olivier.

— Oui... à quelque chose de monstrueux... d'impossible...

— De monstrueux, d'impossible, — répéta madame Barbançon, tout ébahie en voyant le jeune soldat se diriger vers la tonnelle.

— Bonjour, mon enfant, je ne t'attendais pas si tôt, — dit le vieux marin en tendant la main à son neveu avec une joyeuse surprise, — déjà de retour, tant mieux...

— Tant mieux... tant mieux, — reprit gaîment Olivier. — Au contraire, car vous ne savez pas ce qui vous menace ?

— Quoi donc ?

— Voyons, mon oncle... du courage...

— Finiras-tu ? fou que tu es...

— Fermez les yeux... et en avant...

— En avant ! où ? contre qui ?

— Contre maman Barbançon, mon brave oncle.

— Pourquoi faire ?

— Pour lui annoncer... que j'ai invité... quelqu'un à dîner...

— Ah ! diable... — fit le vétéran.

Et il recula d'un pas sous sa tonnelle, au seuil de laquelle il se trouvait alors.

— A dîner... aujourd'hui... — poursuivit le sous-officier.

— Ah! fichtre !!!— fit le vétéran.

Et cette fois il recula de trois pas sous sa tonnelle.

— Et de plus, — poursuivit Olivier, — mon invité... est un duc...

— Un duc!! nous sommes perdus ! ! — fit le vétéran.

Et il se réfugia au plus profond de son antre de verdure, où il parut vouloir se maintenir comme dans un fort inexpugnable.

— Que le diable me brûle, si je me charge

d'aller annoncer ton invitation à maman Barbançon.

— Comment, mon oncle ? la marine... recule.?

— C'est un coup de main, une affaire d'avant-poste... ça regarde la cavalerie légère... tu n'es pas housard pour rien, mon garçon... Allons ! va, enlève-moi ça... en fourrageur... Justement la voici là-bas... madame Barbançon... la vois-tu ?

— Justement, elle est à côté du bassin... ça retombe dans votre élément... dans les opérations navales. Allons ! mon oncle... à l'abordage...

— Ah ! mon Dieu !... elle vient... la voilà... s'écria le vétéran en voyant la ménagère qui, très intriguée par les quelques mots d'Olivier, s'approchait dans l'espoir de satisfaire sa curiosité.

— Mon oncle, — dit résolument le jeune soldat, au moment où madame Barbançon parut au seuil de la tonnelle, — toute retraite nous est coupée... mon invité arrive dans une heure au plus tard il s'agit de vaincre ou de mourir... de faim... nous et mon invité, dont il faut au moins que je vous dise le nom : c'est le duc de Senneterre.

— Ce n'est pas à moi qu'il faut dire cela, malheureux ! — reprit le commandant, — c'est à maman Barbançon... car la voici...

A l'approche de la redoutable ménagère, Olivier s'écria :

— Maman Barbançon, mon oncle a quelque chose à vous dire.

— Moi ? du diable si c'est vrai, par exemple ! — reprit le vétéran en s'essuyant le front avec son mouchoir à carreaux, — c'est toi qui as à lui parler !

— Allons, mon oncle... maman Barbançon n'est pas si terrible qu'elle en a l'air ; avouez-lui la chose en douceur.

— C'est ton affaire, mon garçon... Arrange-toi.

La ménagère, après avoir regardé alternativement l'oncle et le neveu avec une curiosité mêlée d'inquiétude, dit enfin à son maître :

— Qu'est-ce qu'il y a donc, Monsieur ?

— Demandez cela à Olivier, ma chère... Quant à moi, je n'y suis pour rien... je m'en lave les mains.

— Eh bien ! maman Barbançon, — dit intrépidement le jeune soldat, — au lieu de deux couverts pour notre dîner... il faudra en mettre trois ! voilà !

— Comment ! trois couverts ! monsieur Olivier, pourquoi trois ?

— Parce que j'ai invité à dîner un ancien camarade du régiment...

— Jésus ! mon bon Dieu ! — s'écria la ménagère avec plus d'effroi que de courroux, en levant les yeux au ciel, — un invité... et ce n'est pas le jour du pot-au-feu... nous n'avons qu'une soupe à l'oignon, une vinaigrette du bœuf d'hier et une salade.

— Eh bien! que voulez-vous donc de plus, maman Barbançon? — dit joyeusement Olivier, qui s'était attendu à trouver la ménagère bien autrement récalcitrante. — Une soupe à l'oignon confectionnée par vous... une vinaigrette et une salade assaisonnée par vous... c'est un repas des dieux, et mon camarade Gerald se régalera comme un *roi*. Remarquez bien que je ne dis pas comme un *empereur*... maman Barbançon.

Cette délicate allusion aux opinions *anti-Buonapartistes* de madame Barbançon passa inaperçue. A ce moment, la rancuneuse amante du *vélite* disparaissait devant la ménagère.

La ménagère reprit donc avec un accent de récrimination douloureuse :

— Ne pas avoir choisi le jour du pot-au-feu ! ça vous était si facile, monsieur Olivier !

— Ce n'est pas moi qui ai choisi le jour, maman Barbançon... c'est mon camarade.

— Mais, monsieur Olivier, tous les jours, dans la société, on se dit sans façon... « Ne « venez pas aujourd'hui, mais venez de- « main, nous aurons le pot-au-feu. Après « tout, on n'est pas entre ducs et pairs. »

Olivier eut envie de porter à son comble l'angoisse de la ménagère, en lui disant que justement c'était un duc qui allait venir manger sa vinaigrette ; mais ne voulant pas mettre à cette rude épreuve l'amour-propre culinaire de madame Barbançon, il se contenta de lui dire :

— Le mal est fait, maman Barbançon... tout ce que je vous demande, c'est de ne pas me faire affront devant un ancien camarade de l'armée d'Afrique.

— Jésus... mon Dieu ! pouvez-vous craindre cela, monsieur Olivier ? vous faire affront... moi ? c'est tout le contraire... car j'aurais voulu... que...

— Il se fait tard, — dit Olivier en interrompant ces doléances, — mon ami va arriver avec une faim de soldat... Ah ! maman Barbançon, ayez pitié de nous ! !

— C'est pourtant vrai... — dit la ménagère, — je n'ai pas un moment à perdre...

Et la digne femme s'éloigna en hâte, répétant avec douleur.

— N'avoir pas choisi le jour du pot-au-feu !

— Ouf !... — dit le vétéran lorsque la ménagère fut partie, — je respire. Eh bien ! elle a pris ça beaucoup mieux que je ne l'aurais cru... Tu l'as ensorcelée... Mais, à nous deux maintenant, monsieur mon neveu ! Tu ne pouvais pas me prévenir, afin que ton ami trouvât au moins ici un dîner passable ? tu l'invites ainsi à brûle-bourre : et c'est un duc par-dessus le marché... Mais dis-moi... comment diable tu as un duc pour camarade dans les chasseurs d'Afrique ?

— En deux mots, voici l'histoire, mon oncle ; je vous la dis, parce que vous aimerez tout de suite mon ami Gerald, car il n'y en a pas beaucoup de cette race et de cette trempe-là... je vous assure... Lui et moi, nous avions été camarades de classe au collége Louis-le-Grand. Je pars en Afrique... au bout de six mois, qui est-ce que je vois arriver au quartier (nous étions alors à Oran)? mon ami Gerald en veste et en pantalon d'écurie...

— Simple cavalier ?

— Simple cavalier.

— Comment? grand seigneur et riche, sans doute, il n'est pas entré à Saint-Cyr?

— Non, mon oncle.

— Un caprice, alors? un coup de tête?

— Non, mon oncle, — dit Olivier avec un accent pénétré, — la conduite de Gerald a été, au contraire, parfaitement réfléchie ; il est, en effet, très grand seigneur de naissance, puisqu'il est, je vous l'ai dit, duc de Senneterre.

— Oui, l'on voit souvent ce nom-là dans l'histoire de France, — reprit le vieux marin.

— C'est que la noblesse de la maison de Senneterre n'est pas seulement ancienne, mais illustre, mon oncle ; du reste, la famille de Gerald a perdu la plus grande partie de l'immense fortune qu'elle avait autrefois ; il leur reste, je crois, une quarantaine de mille livres de rentes... C'est beaucoup pour tout le monde ; mais c'est peu, dit-on pour des personnes d'une grande naissance, et d'ailleurs Gerald a deux sœurs... à marier.

— Ah çà !... dis-moi comment et pourquoi ton jeune duc s'est fait soldat?

—D'abord, mon oncle, ce brave garçon, est fort original, fort spirituel, et il a toutes sortes d'idées à lui. Ainsi, lorsqu'au sortir du collége, Gerald s'est trouvé en âge d'être atteint par le recrutement, son père (il avait encore son père) lui a dit tout naturellement qu'il allait mettre à une bourse d'assurance afin de le garantir contre les chances du sort. Savez-vous ce qu'a répondu ce singulier garçon ?

—Voyons un peu.

— « Mon cher père, — a dit Gerald, — il
« est un impôt que tout homme de cœur doit
« payer à son pays, c'est l'impôt du sang.
« surtout lorsqu'on se bat quelque part. Je
« trouve donc ignoble de vouloir échapper,
« moyennant finances, aux dangers de la
« guerre en achetant un pauvre diable qui
« s'arrache à son champ ou à son métier
« pour risquer d'aller se faire tuer à votre
« place... Acheter un homme... c'est... pas-
« sez-moi le terme, se donner un brevet de
« Jean f......, avec privilège du gouverne-
« ment. Or, comme je ne suis pas jaloux de
« ce privilège-là, si j'ai un mauvais numéro
« je partirai soldat. »

— Ah! pardieu! j'aime déjà ton jeune
duc!! — s'écria le vétéran.

— N'est-ce pas, mon oncle, que c'est vaillamment pensé,—reprit Olivier avec une expression d'orgueil amical. — Quoique cette résolution lui parût très étrange, le père de Gerald était trop homme d'honneur pour la combattre ; Gerald est tombé au sort, et voilà comment il est arrivé simple cavalier aux chasseurs d'Afrique, pansant son cheval, étant de corvée ou de cuisine tout comme un autre, faisant rondement son métier, et allant sans mot dire à la salle de police, s'il s'attardait sans permission ; en un mot, il n'y avait pas de meilleur cavalier dans son peloton.

— Et avec ça, crânement brave, hein ? — dit le vétéran de plus en plus intéressé.

— Brave comme un lion, et si brillant, si

gai, si entraînant dans une charge, que son entrain aurait mis le feu au ventre à tout un escadron !!!

— Mais avec son nom, ses protections, il a dû devenir vite officier ?

— Il l'aurait été probablement, quoiqu'il ne s'en souciât pas beaucoup, car une fois son temps fait, sa *dette payée,* comme il disait, il voulait revenir jouir de la vie de Paris, qu'il aimait passionnément.

— Brave et singulier garçon que ton jeune duc.

— Au bout de trois ans de service—poursuivit Olivier—Gerald était, comme moi, maréchal-des-logis-chef, lorsqu'ayant témérairement chargé un groupe des cavaliers rouges, il a eu l'épaule cassée d'un coup de feu ; heureusement j'ai pu le dégager et le ramener mourant sur mon cheval. Mais la blessure de Gerald a eu de telles suites, qu'il a été réformé ; alors, quittant le service, il est revenu habiter Paris. Déjà liés par nos souvenirs de collège, nous étions devenus intimes au régiment. Nous avons continué de correspondre ; j'espérais le voir à mon arrivée ici, mais j'ai appris qu'il était allé faire un voyage en Angleterre ; ce matin, je passais sur le boulevard de Monceaux, lorsque j'entends qu'on m'appelle à tue-tête : je me retourne, je vois Gerald sauter d'un élégant cabriolet, courir à moi, et nous nous embrassons,— ajouta Olivier avec une légère émotion, — ma foi nous nous embrassons comme deux amis s'embrassent à la guerre, après une chaude affaire... Vous savez ça, mon oncle ?

— A qui le dis-tu mon enfant?

« — Il faut que nous dînions et que nous
« passions la soirée ensemble aujourd'hui,
« — m'a dit Gerald, où loges-tu? — Chez
« mon oncle (je lui ai cent fois parlé de vous;
« il vous aime presque autant que moi, dit
« Olivier en tendant la main au vétéran); —
« eh bien ! j'irai dîner avec vous deux, — re-
« prit Gerald, — ça va-t-il? tu me présenteras
« à ton oncle; j'ai mille choses à te dire. »
Sachant combien Gerald est simple et bon garçon, j'ai accepté sa proposition, le prevenant que mes écritures me forçant à le quitter à sept heures, ni plus ni moins que si

j'étais clerc d'huissier,—dit gaîment Olivier, —ou que si j'étais obligé de retourner au quartier.

—Brave enfant que tu es! — dit le commandant à Olivier.

— Je me fais une joie de vous présenter Gerald, mon oncle, certain que vous serez tout de suite à l'aise avec lui, et puis enfin... — dit le jeune soldat en rougissant légèrement...—Gerald est riche; je suis pauvre, il connaît mes scrupules, et comme il sait que je n'aurais pas pu payer mon écot chez quelque fameux restaurateur, il a préféré s'inviter ici...

— Je comprends ça,— dit le vétéran, —et ton jeune duc montre la délicatesse d'un bon cœur en agissant ainsi... Qu'au moins la vinaigrette de maman Barbançon lui soit légère,—ajouta joyeusement le commandant.

A peine avait-il exprimé ce vœu philantropique, que la sonnette de la porte de la rue retentit de nouveau.

Bientôt l'oncle et le neveu virent Gerald, duc de Senneterre, s'avancer dans une des allées du jardinet.

Madame Barbançon, l'air affairé, le regard inquiet et décorée de son tablier de cuisine, précédait le convive improvisé.

III

Le duc de Senneterre, jeune homme à peu près de l'âge d'Olivier Raimond, avait une tournure pleine de distinction, une physionomie charmante, les cheveux et la moustache noirs, les yeux d'un bleu limpide et doux, il était vêtu avec une élégante simplicité.

— Mon oncle, — dit Olivier au vieux marin en lui présentant le duc de Senneterre,— c'est Gerald, mon meilleur ami... dont je vous ai parlé.

— Monsieur... je suis enchanté de vous voir, — dit le vétéran avec une simplicité cordiale en tendant la main à l'ami de son neveu.

— Et moi, mon commandant, — reprit Gerald avec une sorte de déférence hiérarchique puisée dans l'habitude de la vie militaire, — je suis heureux de pouvoir vous serrer la main ; je sais vos paternelles bontés pour Olivier... et comme je suis un peu son frère... vous comprendrez combien j'ai toujours apprécié votre tendresse pour lui.

— Messieurs... voulez-vous manger la soupe dans la maison ou sous la tonnelle... comme à l'ordinaire, puisqu'il fait beau ?

Demanda madame Barbançon.

— Nous dînerons sous la tonnelle... si le commandant le permet, ma chère Madame Barbançon, — dit Gerald, — le temps est superbe... ce sera charmant.

— Monsieur me connaît? — s'écria la ménagère en regardant tour à tour Olivier et le duc de Senneterre avec ébahissement.

— Si je vous connais, Madame Barbançon, — reprit gaîment Gerald, — est-ce qu'Olivier n'a pas cent fois parlé de vous au bivouac? Nous nous sommes même plus d'une fois joliment disputés à propos de vous... allez!

— A propos de moi?

— Je le crois bien... Ce diable d'Olivier est Bonapartiste enragé... Il ne vous pardonnait pas d'abhorrer cet affreux tyran... et moi, je prenais votre parti... car je l'abhorre aussi, le tyran, dit Gerald d'un ton tragique, — ce scélérat d'ogre de Corse!

— Ogre de Corse!! vous êtes des nôtres, Monsieur... touchez-là... nous sommes faits pour nous entendre, — s'écria la ménagère triomphante.

Et elle tendit sa main décharnée à Gerald, qui, répondant bravement à cette étreinte, dit en riant au vieux marin.

— Ma foi, mon commandant, prenez garde... à vous, et gare à toi aussi, Olivier... vous allez avoir à qui parler... Madame Barbançon était seule contre vous deux... mais elle a maintenant en moi un fameux auxiliaire.

— Ah çà! madame Barbançon, — dit Olivier, en venant au secours de son ami, — dont la ménagère semblait vouloir s'emparer, —Gerald meurt de faim... vous ne songez pas à cela... Voyons, je vais vous aider à apporter la table ici, et à mettre le couvert.

—C'est vrai... j'oubliais le dîner, —s'écria la ménagère; et se dirigeant en hâte vers la maison, elle dit au neveu de son maître :

— Venez-vous m'aider ? monsieur Olivier.

— Je vous suis, — répondit le jeune sous-officier.

— Ah ça ! mon cher, — lui dit Gerald, — est-ce que tu crois que je vais te laisser toute le besogne ?

Puis se tournant vers le vieux marin :

— Vous permettez, mon commandant?... J'agis sans façon; mais, quand nous étions sous-officiers, plus d'une fois, Olivier et moi, nous avons préparé la table pour la chambrée; aussi vous allez voir que je ne m'en acquitte pas trop mal.

Il serait difficile de dire avec quelle gaîté, avec quelle parfaite et naturelle bonne grâce, Gerald aida son ancien camarade de régiment à mettre le couvert sous la tonnelle : tout cela fut accompli si simplement, si allègrement, qu'on eût dit que le jeune duc avait toujours, comme son ami, vécu dans une médiocrité voisine de la pauvreté.

En une demi-heure, Gerald, pour plaire à son ami, avait comme on dit, *fait la conquête* du vétéran et de sa ménagère, qui faillit à se pâmer d'aise en voyant son ami anti-bonapartiste manger avec un appétit sincère la soupe à l'oignon, la salade et la vinaigrette, dont Gerald demanda deux fois par un raffinement de coquetterie.

Il va sans dire que, pendant ce gai repas, le vieux marin, délicatement provoqué par Gerald, fut amené à parler de ses campagnes ; puis, ce respectueux tribut payé à l'ancienneté du vétéran, les deux jeunes gens évoquèrent à leur tour toutes sortes de souvenirs de collège et de régiment.

Avant de poursuivre ce récit, rappelons la disposition de la tonnelle qui, appuyée à un mur coupé par une sorte de baie grillagée, permettait de voir dans la rue, d'ailleurs fort peu passante.

Le vétéran venait d'allumer sa pipe, Gerald et Olivier leurs cigares ; les deux jeunes gens s'entretenaient depuis quelques instants de leurs anciens compagnons de classe et d'armée, lorsque Olivier dit à son ami ·

— A propos, qu'est devenu cet animal de Macreuse... qui faisait le métier d'espion au collège? Te souviens-tu?... un gros blond fadasse... à qui nous donnions, en nous cotisant, de si belles volées! car il était deux fois grand et fort comme nous?

Au nom de Macreuse, la figure de Gerald prit une expression d'aversion et de mépris singulière et il répondit :

— Diable... tu parles bien légèrement de M. Célestin de Macreuse.

— Comment, *de* Macreuse? — dit Olivier, — il s'est donné du *de,* celui-là?... On ne savait d'où il venait, ni qui étaient son père et sa mère? Il était si gueux qu'il mangeait six cloportes pour gagner un sou... Je lui en ai toujours voulu, car il faisait tout pour avilir la pauvreté...

— Et puis, — reprit Gerald, — cruel à plaisir, te rappelles-tu... ces petits oiseaux à qui il crevait les yeux avec une épingle..., pour voir comment ils voleraient ensuite.

— Canaille! — s'écria le vétéran indigné, en lançant précipitamment deux ou trois bouffées de tabac. — Cet homme-là doit mourir dans la peau d'un sacré gueux, si on ne l'écorche pas tout vif!

— Je crois que votre prédiction s'accomplira, mon commandant, — dit Gerald en riant; puis, s'adressant à Olivier : — je vais bien t'étonner en te disant ce qui est advenu de M. Célestin de Macreuse... En quittant le service, j'ai recommencé ma vie de Paris. Je t'ai dit, je crois, combien ce qu'on appelle *notre monde,* à nous autres du faubourg Saint-

Germain, était parfois rigoureusement exclusif ; jugez de mon étonnement, lorsqu'un beau soir, j'entends annoncez chez ma mère, *M. de Macreuse.* C'était notre homme. J'avais conservé une si détestable impression de ce mauvais garçon, qu'allant trouver ma mère, je lui dis : — Pourquoi donc recevez-vous ce Monsieur qui vient de vous saluer... ce grand blond jaunasse ? — Mais c'est M. de Macreuse, — me répondit ma mère avec un accent de considération très marqué. — Et qu'est-ce que c'est que M. de Macreuse, ma chère mère ? Je ne l'ai pas encore vu chez vous ? — Non, car il arrive de voyage, me répondit-elle. — C'est un jeune homme très distingué, d'une piété exemplaire, et le fondateur de l'*œuvre de Saint-Polycarpe.* — Ah diable ! et qu'est-ce que c'est que l'*œuvre de*

Saint-Polycarpe, ma chère mère? — C'est une association pieuse qui a pour but d'enseigner aux pauvres la résignation à leur misère en faisant comprendre que plus ils souffriront ici-bas, plus ils seront heureux là-haut. — *Si no vero bene trovato,* dis-je en riant à ma mère. Mais il me semble que ce gaillard-là a la joue bien rebondie, a l'oreille bien rouge pour prêcher l'excellence des privations. — Mon fils, reprit gravement ma mère, ce que je vous dis est fort sérieux. Les personnes les plus recommandables se sont jointes à l'*œuvre* de M. de Macreuse... qui déploie dans l'accomplissement de ses desseins un zèle évangélique. Mais le voici... je veux vous présenter à lui. — Ma mère, lui dis-je vivement, de grâce n'en faites rien... Je serais forcé d'être impoli. Ce monsieur me déplaît,

et ce que je sais de lui, rend cette déplaisance insurmontable. Nous avons été au collège ensemble, et... — Je ne pus continuer, le Macreuse s'avança vers ma mère, j'étais resté assis auprès d'elle. — Mon cher monsieur de Macreuse, — dit-elle à son protégé de l'air le plus aimable, après m'avoir jeté un regard sévère, — je vous présente mon fils... un de vos anciens condisciples, qui sera charmé de renouveler connaissance avec vous. — Le Macreuse me salua profondément, et, du haut de sa cravate, me dit d'un air compassé :
— « J'étais absent de Paris depuis quelque
« temps, monsieur, et j'ignorais votre retour
« en France ; je ne m'attendais pas avoir
« l'honneur de vous rencontrer ce soir chez
« madame votre mère... nous avons en effet
« été au collège ensemble... et... » — C'est

pardieu vrai, — Monsieur, dis-je au Macreuse en l'interrompant... — et, s'il m'en souvient, vous nous espionniez... au profit des maîtres, vous mangiez six cloportes pour avoir un sou, et vous creviez les yeux des petits oiseaux avec des épingles : c'était probablement aussi dans le charitable espoir que leurs souffrances leur seraient comptées là-haut?

— Bien... touché, — dit le commandant en riant aux éclats.

— Et qu'a répondu le Macreuse ? — reprit Olivier.

— La large face de ce mauvais drôle est devenue cramoisie, il a tâché de sourire et de balbutier quelques mots ; mais soudain, ma mère me regardant d'un air de reproche, s'est levée, disant à notre homme pour le sauver de son embarras : — Monsieur de Macreuse, voulez-vous me donner le bras pour aller prendre une tasse de thé?

— Mais,—dit Olivier,—comment cet homme a-t-il été présenté dans ton monde si exclusif?

— C'est ce que personne ne sait,—répondit Gerald... — Une fois la première porte de notre monde ouverte, toutes les autres s'ouvrent d'elles-mêmes... mais cette première porte si difficile à franchir, qui l'a ouverte à ce Macreuse?... on l'ignore;... quelques-uns cependant pensent qu'il a été introduit dans notre société par un certain abbé Ledoux, directeur très à la mode dans notre quartier. Ceci ne manque pas de vraisemblance, et j'en ai pris l'abbé en aussi grande aversion que le Macreuse... Si du reste mon mépris pour ce mauvais drôle avait besoin d'être justifié, il le serait pour moi... par le jugement qu'a porté du Macreuse un homme très singulier qui ne se trompe jamais dans ses appréciations.

— Et quel est cet homme infaillible? — demanda Olivier en souriant.

— Un petit bossu pas plus grand que ça, —dit Gerald en élevant sa main à la hauteur de quatre pieds et demi environ.

— Un bossu? — dit Olivier très surpris.

— Oui,... un bossu spirituel comme un démon, incisif en diable, raide comme une barre de fer, pour ceux qu'il mésestime ou qu'il méprise;... mais rempli d'affection et de dévoûment pour ceux qu'il honore... et ceux-là sont rares; ne cachant d'ailleurs jamais à personne l'éloignement ou la sympathie qu'on lui inspire.

— Il est heureux que son infirmité lui permette d'avoir ainsi son franc-parler, — dit le commandant, — sans cela... votre bossu jouerait un jeu diablement dangereux; au moins?

Son infirmité, — dit Gerald en riant, — quoi qu'il en soit atrocement bossu, le marquis de Maillefort... est...

— C'est un marquis, dit Olivier.

— Tout ce qu'il y a de plus marquis et de

la plus vieille roche, il est puîné de la maison ducale et princière de *Hautmartel,* dont le chef s'est retiré en Allemagne depuis 1850 ; mais quoique atrocement bossu, te disais-je, M. de Maillefort est alerte et vigoureux comme un jeune homme malgré ses quarante-cinq ans, et de plus... tiens... toi et moi, nous sommes sans vanité de très bons tireurs, n'est-ce pas ?

— Mais oui.

— Eh bien ! le marquis nous rendrait huit coups de bouton sur douze... C'est un jeu digne de l'incomparable Bertrand..., léger comme l'oiseau, rapide comme la foudre.

— J'aime aussi beaucoup ce brave petit bossu là, — dit le vétéran, très intéressé;—

s'il a eu des duels, ses adversaires devaient faire de drôles de figures.

— Le marquis a eu plusieurs duels dans lesquels il a été charmant, de gai persifflage, de sang-froid et de courage, — répondit Gerald,—c'est ce que m'a dit mon père dont il était l'ami.

— Et.., malgré sa bosse,—demanda Olivier, — il va dans le monde.

— Parfois, il le fréquente assidument; puis il reste des mois entiers sans y paraître... C'est un caractère très original. Mon père m'a dit que le marquis avait été longtemps d'une mélancolie profonde; moi, je l'ai toujours vu gai, railleur, et des plus amusants.

— Mais on doit le craindre comme le feu,

— dit Olivier, — avec sa bravoure, son a-dresse aux armes et son esprit !

— Tu ne peux t'imaginer, en effet, combien, par sa seule présence, il gêne, il inquiète, il impose à certaines gens, que notre monde, si susceptible pour des niaiseries, reçoit pourtant en raison de leur naissance, malgré des vilenies notoires. Aussi pour en revenir à Macreuse, dès qu'il voit entrer le marquis par une porte, il sort par une autre...

Cet entretien fut interrompu par un incident insignifiant dans un autre quartier, mais assez peu commun aux Batignolles.

Une belle voiture, élégamment attelée de deux superbes chevaux, s'arrêta juste en face de la baie grillagée de la tonnelle, où étaient réunis les trois convives.

Cette voiture était vide.

Le valet de pied, assis à côté du cocher, et, comme lui, vêtu d'une riche livrée, descendit du siège, et tirant de sa poche une lettre dont il semblait consulter l'adresse, regarda de côté et d'autre comme s'il eût cherché un numéro, puis il disparut en faisant signe au cocher de le suivre.

—Depuis dix ans, — dit le vieux marin,— voilà la première voiture de ce calibre-là que je vois aux Batignolles... c'est fièrement flatteur pour le quartier.

— Je n'ai jamais vu de plus beaux chevaux, — dit Olivier d'un air connaisseur ; — ce sont les tiens, Gerald ?

— Ah çà ! tu me prends donc pour un millionnaire? répondit gaîment le jeune duc ; — j'ai un cheval de selle... et je mets au cabriolet un des deux chevaux de ma mère, quand elle ne s'en sert pas. Voilà mon écurie... Ce qui ne m'empêche pas d'aimer les chevaux à la folie et d'être un enragé *sportsman,* comme nous disons dans notre argot... Mais à propos de cheval, te rappelles-tu ce lourdaud brutal, nommé Mornand, un autre de nos condisciples ?

Mornand ? certainement, encore une de nos communes antipathies, et qu'est-il devenu ?

— Aussi un personnage !

— Lui... allons donc?

— Un personnage... te dis-je... pair héréditaire, il siége à la noble chambre... il y parle... on l'écoute... c'est un ministre... en herbe.

— De Mornand!

— Eh mon Dieu oui!... mon brave Olivier, il est important, il est lourd, il est pâteux, il est sot (je ne dis pas bête, mais sot), il ne croit à rien qu'à son mérite, il est possédé d'une ambition implacable, il appartient à une coterie de gens jaloux et haineux, parce qu'ils son médiocres, ou médiocres parce qu'ils sont haineux; ces gaillards-là font la courte-échelle avec une habileté supérieure; Mornand a un large dos, les reins souples... il arriva... l'un portant l'autre...

A ce moment le valet de pied, qui avait disparu avec la voiture, revint sur ses pas, avisa à travers la grille les personnages rassemblés sous la tonnelle, s'approcha, et mettant la main à son chapeau :

— Messieurs, pourriez-vous, s'il vous plaît, me dire si ce jardin dépend de la maison numéro 7 ?

— Oui, mon garçon, — répondit le commandant.

— Alors, Monsieur, ce jardin est celui de l'appartement du rez-de-chaussée ? — demanda le domestique.

— Oui, mon garçon.

— Pardon, Monsieur, c'est que voilà trois

fois que je sonne, et l'on ne me répond pas...

— C'est moi qui habite le rez-de-chaussée, — dit le commandant fort surpris, — que voulez-vous?...

— Monsieur... c'est une lettre très pressée pour une... Madame Barbançon, qui doit demeurer ici.

— Certainement... mon garçon, elle y demeure, — répondit le vétéran de plus en plus étonné.

Puis apercevant la ménagère au fond du jardin, il lui cria :

— Eh! maman Barbançon... pendant que vous complotez sournoisement contre mes plates-bandes, voilà trois fois que l'on sonne à la porte de la rue et vous n'entendez rien... venez donc... on apporte une lettre pour vous...

II

A la voix du commandant Bernard, madame Barbançon arriva en hâte, s'excusa auprès de son maître, et dit au domestique qui attendait :

— Vous avez une lettre pour moi... mon garçon ? et de quelle part ?

— De la part de madame la comtesse de

Beaumesnil, Madame, — répondit le domestique, en remettant la lettre à madame Barbançon au travers de la grille.

— Madame la comtesse de Beaumesnil? — dit l'ancienne sage-femme tout ébahie, — connais pas.

Et elle ouvrit vivement la lettre en répétant :

— Connais pas... du tout, mais du tout, du tout.

— La comtesse de Beaumesnil? — dit Gerald avec un accent d'intérêt.

— Tu sais qui elle est? — lui demanda Olivier.

— Il y a deux ou trois ans, je l'ai vue dans

le monde, — répondit Gerald, — elle était alors d'une beauté idéale ; mais la pauvre femme, depuis plus d'une année, n'a pas quitté son lit... On la dit dans un état de santé désespéré... Pour comble de malheur, M. de Beaumesnil, qui était allé conduire en Italie leur fille unique, à qui les médecins ont ordonné l'air du Midi... M. de Beausmenil vient de mourir à Naples des suites d'une chute de cheval.

— Quelle fatalité ! — dit Olivier.

— De sorte que si madame de Beaumesnil meurt, comme on le craint, — poursuivit Gerald, — voilà sa fille orpheline à l'âge de quinze ou seize ans...

— C'est bien triste.... — dit le commandant, — pauvre enfant !

—Heureusement, du moins, — reprit Gerald,—mademoiselle de Beaumesnil a devant elle un avenir superbe; car elle doit être la plus riche héritière de France... On évalue la fortune des Beaumesnil à plus de trois millions de rentes... en propriétés.

— Trois millions de rentes! — dit Olivier en riant, — c'est donc vrai? il y a donc des gens qui ont réellement trois millions de rentes... ça existe, ça va... ça vient... ça vit... ça parle... comme nous autres... il faudra que tu me fasses envisager un de ces phénomènes-là, Gerald...

— A ton service... Mais je te préviens qu'ordinairement c'est assez laid à contempler... je ne parle pas de mademoiselle de

Beaumesnil, je ne sais si elle est aussi jolie que sa mère.

— Je serais curieux de savoir ce que, diable! on peut faire de trois millions de rentes, — dit en toute sincérité le commandant, en secouant la cendre de sa pipe sur la table.

— Ah! mon Dieu! ah! grand Dieu! — s'écria madame Barbançon qui, pendant cette partie de l'entretien, avait lu la lettre que le domestique venait de lui remettre, — c'est-il possible... moi... en voiture, et en voiture bourgeoise?

— A qui en avez-vous, maman Barbançon? — demanda le vétéran.

— A qui j'en ai, Monsieur? j'ai qu'il faut

que vous me permettiez tout de suite de sortir.

—A votre aise; mais où allez-vous comme ça, sans indiscrétion?

— Chez madame la comtesse de Beaumesnil, et dans sa propre voiture, encore... — dit la ménagère d'un ton important, — il s'agit de renseignements que je puis seule lui donner, à ce qu'il paraît... Que je devienne bonapartiste, si je sais ce que ça peut être! mais c'est égal...

Puis, s'interrompant, l'ancienne sage-femme poussa une exclamation comme si une idée subite lui eût traversé l'esprit, et elle dit à son maître :

— Monsieur...

— Eh bien!...

— Voulez-vous venir un instant avec moi dans le jardin ? j'ai à vous parler en secret, dans le plus profond secret.

— Oh! oh! — répondit le vétéran en sortant de la tonnelle sur les pas de sa ménagère, — c'est grave, allons, je vous suis, maman Barbançon.

La ménagère ayant emmené son maître, à quelques pas de la tonnelle, lui dit à voix basse et d'un air de mystère :

— Monsieur, vous connaissez bien *madame Herbaut,* qui demeure au second, qui est commerçante retirée, qui a deux filles, et chez qui j'ai présenté M. Olivier, il y a quinze jours ?

— Je ne la connais pas ; mais vous m'avez souvent parlé d'elle... après ?

— Je me souviens maintenant que son amie intime, *madame Laîné,* est en Italie, gouvernante de la fille d'une comtesse qui a un nom dans le genre de Beaumesnil ; c'est peut-être la même comtesse.

— C'est possible... maman Barbançon... Ensuite ?

— On veut peut-être avoir des renseignements de moi sur madame Laîné, que j'ai vue chez madame Herbaut.

— Cela se peut, maman Barbançon... et tout à l'heure vous allez savoir à quoi vous en tenir, puisque vous vous rendez chez madame de Beaumesnil.

— Ah! mon Dieu! Monsieur, une autre idée!

— Voyons l'autre idée! — dit le vétéran avec une patience angélique.

— Je vous ai parlé de cette jeune femme masquée qui...

— Vous allez recommencer cette histoire-là! — s'écria le vétéran en commençant d'opérer vivement sa retraite.

— Non, Monsieur; mais si tout ça se rapportait à la jeune femme?

— Le meilleur moyen de le savoir, maman Barbançon, c'est de partir au plus tôt, nous y gagnerons tous les deux.

— Vous avez raison, Monsieur, je pars...

Et suivant son maître qui retournait sous la tonnelle rejoindre ses convives, la ménagère dit au valet de pied qui s'était tenu à quelques pas de distance de la grille :

— Jeune homme, je mets mon bonnet à nœuds coquelicot et mon beau châle orange, et vous pourrez disposer de moi...

Quelques instants après, madame Barbançon, passant triomphalement en voiture devant la grille de la tonnelle, crut devoir, par déférence, se lever tout debout dans le carrosse, et faire une gracieuse révérence, adressée à son maître et à ses deux convives.

Sept heures sonnèrent alors à une horloge lointaine.

— Diable! — dit Olivier d'un air contrarié,—sept heures... il faut que je te quitte, mon cher Gerald...

— Déjà ?... et pourquoi ?...

— J'ai promis à un brave maître maçon des Batignolles, d'aller ce soir, à sept heures, copier et apurer des mémoires... Tu ne sais pas ce que c'est, toi, que d'*apurer* des mémoires ?

— En effet, tu m'avais prévenu que tu n'étais libre que jusqu'à sept heures. — dit Gerald d'un air contrarié,—je l'avais oublié : je me trouvais si bien de notre causerie !...

— Olivier, — dit le vétéran, qui semblait pensif depuis que son neveu avait parlé des travaux dont il devait s'occuper dans la soirée, — en l'absence de madame Barbançon, va donc à la cave chercher la dernière bouteille de ce vieux vin de *Chypre* que j'ai autrefois rapporté du Levant... M. Gerald en acceptera un verre avant de nous séparer. Pour une demi-heure de retard, les mémoires de ton maître maçon ne prendront pas feu.

— Excellente idée, mon oncle... car je ne suis pas tout à fait à l'heure, comme lorsque je suis de semaine au quartier... Je cours à la cave... Gerald goûtera de votre nectar, mon oncle.

Et Olivier disparut en courant.

— Monsieur Gerald, dit alors le commandant au jeune duc avec émotion, ce n'est pas seulement pour vous faire goûter mon vin de Chypre que j'ai renvoyé Olivier... c'est afin de pouvoir vous parler de lui... à cœur ouvert; vous dire, à vous, son meilleur ami... tout ce qu'il y a de bon... de délicat... de généreux chez lui.

— Je sais cela, mon commandant... mais j'aime à me l'entendre répéter par vous... par vous, surtout... qui appréciez si bien Olivier.

— Non, monsieur Gerald, non, vous ne savez pas tout... vous ne pouvez vous imaginer le travail pénible, aride, que le pauvre garçon s'impose, non-seulement pour ne pas m'être à charge... pendant son semestre, mais encore pour me faire de petits présens que je n'ose refuser, de peur de lui faire trop de peine .. Cette belle pipe, c'est lui qui me l'a donnée... J'aime beaucoup les rosiers : dernièrement il m'a apporté deux superbes espèces nouvelles. Qeu vous dirai-je? J'avais depuis longtemps bien envie d'un bon fauteuil... car lorsque deux de mes blessures se rouvrent, et cela n'arrive que trop souvent, je suis forcé de rester plusieurs nuits assis... mais un bon fauteuil, c'était trop cher... voilà qu'il y a huit jours, je vois apporter ce meuble tant désiré par moi... J'aurais dû me méfier de quelque chose, car Olivier avait passé je ne sais combien de nuits à faire des écritures... excusez ces confidences de bonnes et pauvres gens, monsieur Gerald, — dit le vieux marin d'une voix altérée, pendant qu'une larme roulait sur sa moustache blanche, — mais j'ai le cœur plein, il faut qu'il s'ouvre... et vous dire cela à vous... c'est un double bonheur.

Et comme Gerald allait parler, le commandant l'interrompit en lui disant :

— Permettez, monsieur Gerald... Vous allez me trouver bien bavard ; mais Olivier va venir, et j'ai une grâce à vous demander. Par votre position, vous devez avoir de grandes et belles connaissances, monsieur Gerald ? Mon pauvre Olivier n'est appuyé par personne... et pourtant, par ses services, par son éducation, par sa conduite, il a droit à l'épaulette... Mais il n'a jamais ni voulu, ni osé faire la moindre démarche auprès de ses chefs... Je conçois cela, car si j'avais été un *brosseur,* comme nous disons... je serais capitaine de vaisseau ; mais que voulez-vous,..

il paraît que ça tient de famille... Olivier est comme moi, nous nous battons de notre mieux, nous sommes esclaves du service; et puis, quand il s'agit de demander, nous devenons tout bêtes et tout honteux... Mais chut!... voilà Olivier qui revient de la cave, — dit vivement le vieux marin en reprenant sa pipe et en la fumant précipitamment, — n'ayez l'air de rien, monsieur Gerald; pour l'amour de Dieu n'ayez l'air de rien, Olivier se douterait de quelque chose.

— Mon commandant, il faut qu'Olivier soit sous-lieutenant avant la fin de son semestre... et il le sera, — dit Gerald, ému des confidences du vétéran. J'ai peu de crédit par moi-même, mais je vous parlais du marquis de Maillefort, il jouit partout d'une si haute considération, que, vivement recommandée par lui, la nomination d'Olivier, qui n'est que droit et justice, sera emportée d'emblée ; je m'en charge, soyez tranquille.

— Ah! monsieur Gerald, je vous avais bien jugé tout de suite... — dit vivement le commandant ; — vous êtes un frère pour mon pauvre enfant.... mais le voilà, n'ayez l'air de rien.

Et le digne homme recommença de fumer sa pipe d'un air très dégagé, après avoir néanmoins du bout du doigt enlevé au coin de son œil une larme trop rebelle.

Gerald, s'adressant à son ancien camarade afin d'éloigner de lui tout soupçon au sujet de l'entretien précédent, lui cria :

— Arrive donc, traînard! on dirait, par Dieu! que tu as été à la cave avec quelque jolie cabaretière comme la belle juive d'*Oran*... Te rappelle-tu cette pauvre Dinah!.. don Juan que tu es!

— Le fait est qu'elle était gentille, — répondit le jeune soldat, en souriant à ce souvenir d'amour avec satisfaction; — mais c'était un laideron... comparé à la jeune fille que je viens de rencontrer dans la cour, — dit Olivier, en déposant avec précaution sur la table la poudreuse bouteille de vin de Chypre.

— Ah!... maintenant je comprends la durée de ton absence.

— Voyez-vous le gaillard, — ajouta le

vétéran revenant peu à peu de son attendrissement, — et qu'est-ce que cette beauté que tu viens de rencontrer, mon garçon?

— Voyons... mets-nous au fait de ta conquête au moins, — dit Gerald.

— Pardieu ! monsieur le duc, — dit Olivier en riant, — cela se rencontre à merveille... c'est *une duchesse*...

— Comment ! une duchesse ?—dit Gerald.

— Une duchesse aux Batignolles,—s'écria le commandant, — c'est du fruit nouveau... et fièrement flatteur pour le quartier.

— Allons, mon bon oncle... je vais un peu rabattre de votre amour-propre *batignollais*. Ma conquête, comme dit ce fou de Gerald, d'abord n'est pas ma conquête... et puis elle n'est pas duchesse... seulement on l'a surnommée *la duchesse.*

— Et d'où lui vient ce glorieux surnom! — demanda Gerald.

— On l'appelle ainsi, — reprit Olivier, — parce qu'elle est, dit-on, belle et orgueilleuse comme une duchesse...

— Tu as oublié... *sage*... — dit Gerald en riant.

— Vraiment, — dit Olivier, — est-ce que les duchesses... sont?...

— Veux-tu te taire, mauvaise langue, — reprit Gerald en interrompant le jeune soldat.

— Je crois, tudieu ! bien qu'elles sont sages.. les duchesses !

— Eh bien! alors elle est belle, orgueilleuse et sage comme une duchesse; telle est la cause du surnom de cette jeune fille.

— Et qu'est-ce que c'est que cette jolie duchesse ? — demanda Gerald. — En ma qualité de *duc*, comme tu dis, tu dois satisfaire ma curiosité ?

— Elle est maîtresse de piano... — reprit Olivier, — tu vois qu'elle déroge furieusement !

— C'est plutôt le piano qui devient très aristocrate sous ses belles mains... car elle doit avoir aussi des mains de duchesses!... Voyons conte-nous cela... que diable ! tu es amoureux ; à qui feras-tu tes confidences, sinon à ton oncle... à ton camarade ?

— Je voudrais bien avoir le droit de vous en faire, des confidences... — dit Olivier en riant, — parce que je ne vous en ferais pas ; mais, vrai, c'est la première fois que je vois cette jeune fille.

— Mais ces détails... sur elle ?

— Il y a une madame Herbaut qui loge ici, au second, — répondit Olivier. — Tous les dimanches, cette excellente femme rassemble chez elle des jeunes filles, amies de ses filles : les unes sont teneuses de livres ou demoiselles de magasin, d'autres maîtresses de dessin ou, comme *la duchesse,* maîtresses de musique... Je t'assure qu'il y en a de charmantes; toutes ces braves filles travaillent toute la semaine comme de petits lions, gagnent honorablement leur vie, et s'amusent follement le dimanche chez la bonne madame Herbaut : on joue à des petits jeux, on danse au piano, c'est très amusant; voilà deux dimanches que madame Barbançon m'a présenté chez cette dame, et, ma foi...

— Je demande à être présenté à madame Herbaut, — s'écria le jeune duc en interrompant son ami.

— Tu demandes... tu demandes... tu crois qu'il n'y a qu'à demander, toi ? reprit gaîment Olivier. — Apprends, mon cher, que les Batignolles sont aussi exclusives que ton faubourg Saint-Germain.

— Bon, tu es jaloux, tu as tort : d'abord...

parce que, vraies ou supposées, les *duchesses* ne m'affriandent plus... surtout quand elles sont sages... et puis l'on ne vient pas aux Batignolles pour s'amouracher d'une duchesse. Ainsi, rassure-toi, et d'ailleurs, si tu me refuses, je suis au mieux avec maman Barbançon ; je lui demanderai d'être présenté à madame Herbaut.

— Enfin, nous verrons si l'on peut t'admettre, — dit Olivier avec une importance comique. — Mais, pour en revenir à *la duchesse*, madame Herbaut, qui est fort liée avec elle, m'a dit, l'autre dimanche, comme je m'extasiais sur cette réunion de charmantes jeunes filles : — « Que diriez-vous donc, « Monsieur, si vous voyiez *la duchesse!...* » (et la digne femme m'a donné les détails dont

je t'ai parlé sur l'origine de son surnom);
« malheureusement, — a-t-elle ajouté —
« voilà deux dimanches qu'elle nous manque,
« et elle nous manque beaucoup ; car toute
« *duchesse* qu'elle soit, elle est adorée ici par
« tout le monde; mais depuis quelques jours,
« elle a été appelée auprès d'une grande
« dame très-riche et très-malade... dont les
« souffrances sont si grandes et si rebelles,
« que les médecins, à bout de leur science,
« ont eu l'idée d'essayer si une musique
« douce et suave ne calmerait pas les dou-
« leurs de la pauvre dame. »

— Voilà qui est singulier, — dit Gerald.

— Quoi donc ? — lui demanda Olivier.

— Cette pauvre femme, si malade, dont

on essaye de calmer les douleurs par tous les moyens possibles, et auprès de qui ta *duchesse* a été appelée... c'est madame la comtesse de Beaumesnil.

— La même qui vient d'envoyer chercher maman Barbançon? — demanda le vétéran.

— Oui, mon commandant, — j'avais déjà entendu parler de cette espèce de cure musicale entreprise pour adoucir les atroces souffrances de la comtesse.

— Le fait est que la rencontre est assez bizarre, — dit Olivier, — mais il paraît que la tentative des médecins n'a pas été vaine, car chaque soir *la duchesse* qui est, à ce qu'il paraît, excellente musicienne, va chez madame de Beaumesnil... Et voilà pourquoi je n'avais pas vu cette jeune fille aux deux soirées de madame Herbaut, de chez qui, sans doute, elle sortait tout à l'heure. Frappé de sa tournure, de sa beauté vraiment extraordinaire, j'ai demandé au portier s'il la connaissait. Sans doute, monsieur Olivier, m'a-t-il répondu, c'est la *duchesse*...

— Je trouve cela charmant, intéressant, mais beaucoup trop mélancolique pour moi, — dit Gerald ; — je préfère de bonnes et joyeuses filles sans façon comme il doit s'en trouver dans la réunion de madame Herbaut, et, si tu ne m'y présentes pas... tu es un ingrat... Rappelle-toi cette jolie mercière d'Alger... qui avait une non moins jolie sœur...

— Comment! — dit le vétéran, — et la juive! la jolie cabaretière d'Oran?

— Dam... mon oncle... on est à Oran... on aime à Oran;.. on est à Alger... on aime à Alger...

— Mais tu es donc un Joconde, malheureux! — s'écria le vétéran, singulièrement flatté des bonnes fortunes d'Olivier, tu es donc un séducteur!

— Que voulez-vous, mon commandant, — dit Gerald, — ce n'est pas de l'inconstance... on suit la marche de sa division, voilà tout... C'est pourquoi Olivier et moi nous avons été obligés de laisser à Oran, lui sa juive, moi ma Mauresque, pour nos petites mercières d'Alger.

— Le fait est, dit le vieux marin, — égayé par le vin de Chypre, dont la bouteille avait circulé entre les convives pendant cet entretien, — le fait est que, selon le changement de station, nous quittions les mulâtresses de la Martinique pour les pêcheuses de Saint-Pierre-Miquelon, de Terre-Neuve...

— Un fameux changement de zone, dites donc, mon commandant? — reprit Gerald en poussant le coude du vétéran, — c'était quitter le feu pour la glace.

— Non, pardieu pas! — reprit le vétéran, — je ne sais à quoi ça tient, mais ces pêcheuses, blondes comme des Albinos, avaient le diable au corps. Il y avait surtout une petite boulotte à cils blancs, qu'on appelait *la Baleinière*...

— Température du Sénégal... hein !... mon oncle ?...

— Ah ! fit le vétéran.

Et il posa son verre sur la table, en faisant claquer sa langue contre son palais, de sorte que l'on ne savait si ce bruit significatif se rapportait au souvenir de la baleinière aux cils blancs, ou à la dégustation du vin de Chypre.

Puis le digne marin s'écria :

— Ah çà ! mais qu'est-ce que je dis là ? A-t-on vu des mauvais sujets pareils !... Ce que c'est que l'exemple ! Ne voilà-t-il pas un vieux *phoque* comme moi, qui parle d'amourettes avec ces jeunes moustaches... Allons, parlez de vos juives, de vos Mauresques, de vos duchesses, mes enfants, au moins c'est de votre âge.

— Eh bien donc! au nom de la reconnaissance, je somme Olivier de me présenter chez madame Herbaut, — dit l'opiniâtre Gerald.

— Ce que c'est que la satiété!... Tu vas dans le plus beau, dans le plus grand monde, — dit Olivier, — et tu envies... nos pauvres petites réunions batignollaises.

— Avec ça qu'il est amusant le grand monde, — dit Gerald. — J'y vais à mon corps défendant, pour ne pas contrarier ma mère... Demain, par exemple, est pour moi un jour assommant, car ma mère donne une matinée dansante... Mais, à propos, viens-y donc, Olivier.

— Où çà ?

— A la matinée dansante que donne ma mère.

— Moi ?

— Eh bien ! oui... toi.

— Moi... Olivier Raimond, maréchal-des-logis de hussards... dans ton faubourg Saint-Germain.

— Il serait sacredieu bien étonnant que je ne puisse pas amener chez ma mère mon meilleur ami, parce qu'il a l'honneur d'être un des plus braves soldats de l'armée..... Olivier...,. tu viendras..... je veux que tu viennes...

— En dolman et en képi? n'est-ce pas?
— dit Olivier en souriant, et en faisant allusion à sa pauvreté, qui ne lui permettait pas le luxe des habits bourgeois.

Sachant l'emploi que faisait le digne soldat de son pécule si laborieusement gagné, et connaissant d'ailleurs son ombrageuse susceptibilité, Gerald ne put que répondre :

— C'est vrai... je n'y pensais pas... c'est dommage, nous aurions passé une bonne journée, je t'aurais montré nos beautés à la mode, et je suis sûr qu'en fait de jolies et fraîches figures... tu aurais regretté... les réunions de madame Herbaut.

— Entendez-vous, mon oncle, comme c'est adroitement ramené... Comme il revient à la charge?

Huit henres sonnèrent à la même lointaine horloge.

— Huit heures! — dit vivement Olivier, — diable! et mon maître maçon qui m'attend depuis une heure... Il faut absolument que je te quitte, Gerald... J'ai promis d'être exact.... une heure de retard... c'est beaucoup... Or, l'exactitude est la politesse des rois... et de ceux qui apurent des mémoires, ajouta gaîment Olivier. — Puis, tendant la main à son oncle : — Bonsoir, mon oncle!

— Tu vas encore travailler une partie de la nuit, — dit le vétéran avec une émotion contenue en jetant un regard significatif à Gerald, — il ne faudra donc pas que je t'attende ?

— Non, mon oncle, couchez-vous... Dites

à madame Barbançon de laisser la clé chez le portier, et des allumettes chimiques dans la cuisine... je ne ferai pas de bruit, je ne vous réveillerai pas.

— Adieu, monsieur Gerald, — dit le vétéran en tendant la main au jeune duc et la lui serrant d'une manière expressive, afin de lui rappeler sa promesse au sujet de la promotion d'Olivier au grade d'officier.

— Adieu, mon commandant, — dit Gerald en répondant à l'étreinte du vétéran, et lui indiquant par un signe qu'il comprenait sa pensée, — vous me permettez, n'est-ce pas, de revenir vous voir?

— Ce sera pour moi un plaisir... un vrai plaisir, monsieur Gerald, — dit le vétéran, — vous devez en être sûr...

— Ma foi, oui, mon commandant, car je juge en cela d'après moi-même... Adieu, Olivier... viens... je te conduirai jusqu'à la porte de ton maître maçon.

— J'y gagnerai toujours un quart-d'heure, — dit Olivier. — Bonsoir, mon oncle.

— Bonsoir, mon enfant.

Et Olivier ayant pris dans l'entrée sa liasse de papiers et son paquet de plumes, sortit avec Gerald ; tous deux, se tenant par le bras, allèrent jusqu'à la demeure du maçon, où ils se séparèrent, se promettant de se revoir bientôt.

Environ une heure après qu'Olivier eut quitté son oncle, madame Barbançon fut ramenée anx Batignolles dans la voiture de madame la comtesse de Beaumesnil.

Le vétéran, surpris du silence et de la physionomie ténébreuse de la ménagère, lui adressa, mais en vain, plusieurs fois la parole. Il la pria enfin de serrer le restant du vin de Chypre. Madame Barbançon prit la bouteille, s'en alla lentement, puis s'arrêtant bientôt, et croisant les bras d'un air méditatif, elle laissa choir par ce mouvement la fiole poudreuse.

— Que le diable vous emporte! — s'écria le vétéran, — voilà le vin de Chypre perdu...

— C'est pourtant vrai, j'ai cassé la bouteille, — répondit la ménagère, en se réveillant comme d'un songe. — Eh bien! ça ne m'étonne pas, depuis que j'ai vu et entendu madame la comtesse de Beaumesnil, car je viens de la voir... Et dans quel état, mon Dieu! la pauvre femme! Je me creuse la tête pour trouver quelque chose que je ne trouve pas, et d'ici à longtemps je ne serai bonne à rien, allez, Monsieur, il faut y compter.

— C'est toujours quelque chose que de savoir cela d'avance, — reprit le vétéran avec sa placidité habituelle, en voyant madame Barbançon retomber dans sa mystérieuse préoccupation.

V

Le lendemain de la rencontre d'Olivier Raimond et de Gerald, sa mère, ainsi qu'il l'avait annoncé au neveu du vétéran, donnait une matinée dansante.

Madame la duchesse de Senneterre, par sa famille et par ses alliances, appartenait à la plus ancienne et à la plus illustre noblesse de France; quoique sa fortune fût médiocre et sa maison petite, madame de Senneterre donnait ainsi chaque printemps quatre ou cinq bals de jour, peu nombreux, mais très élégants et très choisis, dont elle et ses deux jeunes filles faisaient les honneurs avec une grâce parfaite. M. le duc de Senneterre, mort depuis deux ans, avait eu sous la Restauration la plus haute position.

Les trois fenêtres du salon où l'on dansait, s'ouvraient sur un beau jardin ; le temps était magnifique ; entre deux contredanses, plusieurs personnes, hommes et femmes, se promenaient ou causaient à travers les allées, çà et là bordées d'arbustes en fleurs.

Quatre ou cinq hommes, abrités par un massif de lilas, s'entretenaient de ces mille riens dont se composent généralement les conversations mondaines.

Parmi ce groupe, deux personnes méritaient d'attirer l'attention.

L'une d'elles, homme de trente ans environ déjà obèse, à l'air à la fois suffisant et indolent, dédaigneux et gonflé de soi, à l'œil couvert et presque éteint, s'appelait M. le comte de Mornand. Son nom avait été prononcé la veille chez le commandant Bernard, lorsque Olivier et Gerald évoquaient leurs souvenirs de collège.

M. de Mornand occupait, on l'a dit, à la chambre des pairs, un siége héréditaire.

L'autre personnage, ami intime du comte, était un homme de trente ans aussi, de haute taille, maigre, osseux, anguleux, légèrement voûté, déjà chauve; sa petite tête plate, son œil à fleur de tête, presque toujours légèrement injecté de sang, donnait à sa physionomie un caractère fort analogue à celui du reptile.... Il se nommait le baron de Ravil. Quoique ses moyens d'existence fussent problématiques, eu égard à l'espèce de luxe qu'il affichait, on recevait le baron dans le meilleur monde, auquel il tenait d'ailleurs par sa naissance; jamais intrigant (en donnant à cette épithète toutes ses conséquences, des plus basses aux plus audacieuses), jamais intrigant ne déploya une plus cynique effronterie, une fourbe plus impudente.

— Avez-vous vu le *lion* du bal ? — disait à M. de Mornand l'un des interlocuteurs du groupe dont nous avons parlé.

— J'arrive à l'instant, — répondit M. de Mornand, j'ignore de qui vous voulez parler.

—Eh parbleu ! du marquis de Maillefort.

— Ce maudit bossu !—s'écria M. de Ravil, — Allons... c'est bien à lui, cette matinée était d'un terne, d'un ennui assommant, le marquis va égayer un peu tout cela par sa bouffonne présence.

— Que diable peut-on venir faire dans le monde quand on est bâti de la sorte ? — dit M. de Mornand ?—Ce pauvre marquis devrait avoir au moins la conscience... de sa bosse.

— C'est singulier, — reprit un autre, — de temps à autre le marquis apparaît dans le monde... pendant quelques semaines... et puis soudain il disparaît.

— Je le soupçonne fort d'être monnoyeur et de venir ainsi de temps à autre écouler le produit de son ingénieuse industrie, — dit M. de Ravil.—Ce qu'il y a de sûr c'est qu'un jour, chose incroyable... inouie... il m'a prêté au jeu un billet de mille francs... que je ne lui rendrai jamais... D'abord il devait être faux... Et puis cet impertinent bossu m'a dit en me le prêtant : *Ça m'amusera de vous redemander souvent ces mille francs-là baron!* Qu'il soit tranquille... il s'amusera longtemps.

— Plaisanterie à part, le marquis est un homme singulier... — dit un autre interlocuteur, — la vieille marquise de Maillefort, sa mère, lui a laissé une belle fortune, et l'on ne sait ce qu'il en fait, car il vit très modestement.

— Je l'ai vu autrefois, assez souvent, chez cette pauvre madame de Beaumesnil.

— A propos, dit un autre, — vous savez qu'on la dit à toute extrémité ?

— Madame de Beaumesnil ?

— Certainement ; elle doit être administrée dans la journée; c'est du moins ce qu'on a répondu à madame de Mirecourt qui, en venant ici, s'était arrêtée à la porte de l'hôtel de Beaumesnil pour avoir des nouvelles.

— Pauvre femme ! c'est mourir jeune encore.

— Et quelle immense fortune aura sa fille ! — s'écria M. de Mornand ; — ce sera la plus riche héritière de France... et orpheline par dessus le marché...... quel morceau !......

En disant ces mots, les yeux de M. de Mornand rencontrèrent ceux de son ami de Ravil.

Tous deux tressaillirent imperceptiblement, comme si une idée subite leur était venue; d'un seul regard, ils s'étaient compris.

— La plus riche héritière de France !

— Une orpheline !!

—Et une fortune... territoriale... encore !!
— s'écrièrent les trois autres interlocuteurs avec un naïf accent de convoitise.

Puis, l'un d'eux reprit sans remarquer l'échange de regards significatifs qui avaient lieu entre M. de Mornand et son ami.

Et quel âge a-t-elle, mademoiselle de Beaumesnil ?

— Quinze ans à peine, dit M. de Ravil ; — et puis si laide... si chétive, — ajouta-t-il avec intention.

— Diable ! *chétive*... n'est pas désavantageux..... au contraire, dit l'un des causeurs d'un air judicieux et réfléchi.

— Ah ! elle est très laide, reprit un autre en s'adressant à de Ravil, — vous l'avez donc vue ?

— Pas moi ; mais une de mes tantes..... a vu cette petite au couvent du *Sacré-Cœur*

avant que Beaumesnil l'emmenât en Italie...
par ordonnance des médecins...

— Pauvre Beaumesnil, mourir à Naples d'une chute de cheval...

— Et vous dites, mon cher, — reprit l'interlocuteur de M. de Ravil, pendant que M. de Mornand semblait de plus en plus pensif, — vous dites que mademoiselle de Beaumesnil est fort laide ?

— Un vrai monstre... je ne sais pas même si elle ne tombe pas du haut mal, — continua de Ravil avec une affectation de dénigrement très marquée ; — par là-dessus.... poitrinaire... puisqu'après la mort de Beaumesnil, le médecin qui les avait accompagnés à Naples a déclaré qu'il ne répondait de rien, si mademoiselle de Beaumesnil revenait en France..... Elle est poitrinaire au dernier degré, vous dis-je..... au dernier degré !

— Une héritière poitrinaire ? reprit un autre d'un air à la fois friand et alléché ; mais c'est ce qu'il y a au monde de plus délicat, de plus recherché.

— Pardieu... je vous comprends, c'est évident cela, — reprit de Ravil, mais il faut au moins qu'elle puisse vivre jusqu'à ce qu'on l'épouse... tandis que, très probablement, mademoiselle de Beaumesnil ne vivra pas ; elle est condamnée : je l'ai entendu dire par M. de la Rochaiguë, son plus proche parent... il doit bien le savoir, puisqu'il hériterait d'elle.

— Peut-être aussi, à cause de cela voit-il tout en beau.

— Quelle chance pour madame de la Rochaiguë qui aime tant le luxe, les fêtes !

— Oui, chez les autres.

— C'est étonnant, — reprit un des interlocuteurs, il me semble que j'avais entendu dire que mademoiselle de Beaumesnil ressemblait à sa mère... qui a été une des plus jolies femmes de Paris.

— Cette héritière est d'une laideur atroce, reprit de Ravil, je vous l'atteste, et je ne sais pas même si elle n'est pas contrefaite.

— Quant à moi, — dit enfin M. de Mornand en sortant de sa rêverie,—d'autres personnes m'ont parlé de mademoiselle de Beaumesnil comme en parle de Ravil.

— Ah çà ! mais pourquoi sa mère ne l'a-t-elle pas accompagnée en Italie ?

— Parce que la pauvre femme était déjà atteinte de cette maladie de langueur, à laquelle il paraît qu'elle va succomber. L'on dit d'ailleurs qu'elle a eu un affreux chagrin de ne pouvoir suivre sa fille à Naples, et que ce chagrin pourrait bien contribuer à rendre son état désespéré.

— Il paraîtrait alors, — dit un autre, que la cure musicale du docteur Dupont n'a pas eu le succès qu'il espérait ?

— Quelle cure musicale ?

— Sachant le goût bien connu de madame de Beaumesnil pour la musique, le docteur, pour calmer les souffrances de sa malade et la distraire de sa langueur, lui avait conseillé, — dit-on, — de se faire jouer ou chanter des morceaux d'une musique douce et suave.

— L'idée n'était pas mauvaise, quoique renouvellée de Saül et de David, — dit de Ravil.

— Eh bien! qu'en est-il résulté?

— Madame de Beaumesnil aurait d'abord éprouvé, — dit-on, — une sorte de distraction, d'adoucissement; mais la maladie a repris le dessus.

— On dit aussi que la mort cruelle de ce

pauvre de Beaumesnil lui a porté un coup terrible...

— Allons donc, — s'écria M. de Mornand en ricanant et haussant les épaules : — est-ce qu'elle a jamais aimé Beaumesnil, cette femme-là ! Elle ne l'a épousé que pour ses millions de millions..... Et d'ailleurs, étant jeune fille, elle a eu je ne sais combien d'amants. Somme toute, — reprit M. de Mornand en gonflant ses joues avec une affectation de dignité méprisante, — Madame de Beaumesnil est une femme tarée... perdue... et malgré la fortune énorme qu'elle laissera... un galant homme ne consentira jamais à épouser la fille d'une pareille mère..... une femme déshonorée ! ! !

— Misérable !

s'écria une voix qui, sortant de derrière la touffe de lilas, semblait répondre aux dernières paroles de M. de Mornand.

Il y eut d'abord un moment de silence et de surprise générale; puis M. de Mornand, devenu pourpre de colère, fit rapidement quelques pas afin de contourner le massif.

Il ne trouva personne;... l'allée, à cet endroit, formant un coude assez brusque, la personne invisible qui venait de prononcer le mot de *misérable* avait pu facilement disparaître.

— Il n'y a de misérables, — dit à voix haute M. de Mornand en revenant occuper sa place, il n'y a de misérables que les gens qui osent dire des injures sans oser se montrer.

Ce singulier incident venait à peine d'avoir lieu, lorsque le son de l'orchestre, se faisant entendre, ramena les promeneurs du côté du salon.

M. de Mornand resta seul avec de Ravil ; celui-ci lui dit :

— On t'a appelé misérable... on n'a pas osé paraître, c'est bien... n'en parlons plus. Mais m'as-tu compris ?

— A merveille. Cette idée m'est venue comme à toi... subitement... Chose étrange ! pendant quelques instants je suis resté comme ébloui... fasciné... par cette pensée...

— Plus de trois millions de rentes ? hein ? quel ministre incorruptible tu ferais ?

— Tais-toi... c'est à devenir fou.

Cette conversation intime fut suspendue par l'arrivée d'un tiers importun, qui, s'adressant à M. de Mornand, lui dit, avec la plus exquise politesse :

— Monsieur, voulez-vous me faire la grâce de me servir de vis-à-vis ?

A cette demande, M. de Mornand recula d'un pas, sans répondre un mot, tant sa surprise était grande, surprise concevable, si l'on songe que le personnage qui venait demander à M. de Mornand de lui servir de vis-à-vis, était le marquis de Maillefort, ce singulier bossu dont on a déjà plusieurs fois parlé.

Un autre sentiment que celui de la surprise empêchait aussi M. de Mornand de répondre tout d'abord à l'étrange proposition du marquis, car, dans la voix mâle, vibrante de ce dernier, M. de Mornand crut un instant reconnaître la voix du personnage invisible qui, quelques moments auparavant, l'avait traité de *misérable*, lorsqu'il s'était exprimé si durement sur le compte de madame de Beaumesnil.

Le marquis de Maillefort ne paraissant pas s'apercevoir du silence et de l'expression de surprise désobligeante avec lequel M. de Mornand accueillait sa proposition, reprit du même ton de parfaite politesse :

— Monsieur, voulez-vous me faire la grâce

de me servir de vis-à-vis pour la prochaine contredanse ?

A cette demande réitérée, demande d'ailleurs étrange, on le répète, si l'on songe à la tournure de ce danseur en expectative, M. de Mornand répondit en dissimulant à peine son envie de rire :

— Vous servir de vis-à-vis, à vous, Monsieur ?

— Oüi, Monsieur, — reprit le marquis de l'air du monde le plus naïf.

— Mais... Monsieur... ce que vous me demandez là, reprit M. Mornand, — est, de permettez-moi de vous le dire... fort délicat...

— Et fort dangereux... mon cher marquis,

— ajouta le baron de Ravil en ricanant à froid selon son habitude.

— Quant à vous, baron, — lui répondit en souriant M. de Maillefort, — je pourrais vous faire une question non moins délicate... et peut-être plus dangereuse : quand me rendrez-vous les mille francs que j'ai eu le bonheur de vous prêter au jeu ?...

— Vous êtes bien curieux... marquis.

— Allons, baron, répondit le bossu, ne traitez donc pas les défunts bons mots de M. de Talleyrand, comme vous traitez les billets de mille francs.

— Qu'entendez-vous par là, marquis ?

— Je veux dire, baron, que les uns ne vous

coûtent pas plus à mettre en circulation que les autres...

M. de Ravil se mordit les lèvres et reprit :

— Cette explication ne me satisfait pas précisément, Monsieur le marquis.

— Vous avez le droit d'être difficile, en fait d'explications, c'est vrai, baron, — répondit le bossu avec un accent de hautain persifflage ; — mais vous n'avez pas le droit d'être indiscret, et vous l'êtes beaucoup dans ce moment. J'avais l'honneur de causer avec M. de Mornand, et vous venez vous jeter à la traverse de notre entretien... c'est très désagréable.

Puis, s'adressant à M. de Mornand, le bossu reprit :

L'ORGUEIL. 143

— Vous aviez donc la bonté, Monsieur, de répondre à la demande que je vous faisais de me servir de vis-à-vis, que c'était.... fort délicat, je crois?

— Oui, Monsieur, — reprit M. de Mornand, sérieusement cette fois, car un pressentiment lui disait que la singulière proposition du bossu n'était qu'un prétexte, et plus il écoutait sa voix, plus il croyait reconnaître celle qui l'avait traité de *misérable*. — Oui, Monsieur..... ajouta-t-il donc avec une assurance mêlée de hauteur. — J'ai dit qu'il était fort délicat de vous servir de vis-à-vis.

— Et pourrai-je, Monsieur..... sans trop de curiosité, vous demander pourquoi?

— Mais... Monsieur... — répondit M. de

Mornand, en hésitant, — parce que... parce que... je trouve... qu'il est singulier... de...

Et comme M. de Mornand n'achevait pas.

— Monsieur, — lui dit allégrement le marquis, — j'ai une excellente habitude.

— Laquelle, Monsieur ?

— Ayant l'inconvénient d'être bossu et conséquemment d'être fort ridicule... j'ai pris le parti de me réserver exclusivement le droit de me moquer de ma bosse, et comme j'ai la prétention de m'acquitter de ces plaisanteries à la satisfaction générale.... (excusez, Monsieur, cette fatuité...) je ne permets pas... que l'on fasse très mal... ce que je fais très bien.

—Monsieur... — dit vivement M. de Mornand, je...

— Permettez-moi.... un exemple.... — dit toujours très allégrement le marquis. — Je viens vous demander de me faire l'honneur de me servir de vis-à-vis... Eh bien!... au lieu de me répondre poliment : *Oui, Monsieur,* ou *non, Monsieur,* vous me répondez en étouffant de rire... — *C'est très délicat de vous servir de vis-à-vis?* — Et quand je vous prie en grâce de compléter votre plaisanterie..... sans doute suscitée par ma bosse... vous balbutiez... vous ne trouvez rien du tout; c'est déplorable...

— Mais, Monsieur, — s'écria M. de Mornand, je veux...

— Mais, Monsieur, — reprit le bossu, en

interrompant de nouveau son interlocuteur, — si, au lieu d'être poli, vous vouliez être plaisant, que diable! du moins il fallait l'être, me dire quelque chose d'assez drôlement impertinent; ceci, par exemple : « Monsieur « de Maillefort, j'ai l'horreur des supplices... « et je n'aurais pas la force d'assister à celui « de votre danseuse. »—Ou bien encore ceci. « —Monsieur de Mailfort... J'ai beaucoup d'a- « mour-propre, et je ne veux pas m'exposer à « avoir le désavantage avec vous dans le *dos à dos*... » —Vous voyez donc bien, mon cher Monsieur, reprit le bossu avec un redoublement de jovialité, — que, me moquant de moi-même mieux que personne, j'ai raison de ne pas tolérer que l'on fasse grossièrement, maladroitement...... ce que je fais de bonne grâce.

L'ORGUEIL.

— Vous dites, Monsieur, — reprit M. de Mornand avec impatience, — que vous ne tolérez pas...

— Allons donc, Mornand... c'est une plaisanterie, s'écria M. de Ravil. — Et vous, marquis.... vous avez trop d'esprit pour....

— Il ne s'agit pas de cela, — reprit M. de Mornand. — Monsieur a dit qu'il ne tolérait pas...

— Que l'on se moquât de moi, — dit le marquis, — non pardieu... Monsieur, je ne le tolère pas... je le répète.

— Mais, encore une fois, marquis, dit de Ravil, — Mornand n'a pu avoir... n'a pas eu un instant la pensée de se moquer de vous...

— Vrai?... baron...

— Parbleu!

— Bien vrai, bien vrai, baron?

—Mais certainement!

—Alors,—reprit le marquis, que Monsieur me fasse la grâce de m'expliquer ce qu'il entendait par cette réponse à ma demande : *C'est très délicat...*

— Mais c'est tout simple... je vais...

— Mon cher de Ravil, — dit M. de Mornand en interrompant son ami d'une voix ferme,—tu vas beaucoup trop loin; puisque M. de Maillefort procède par sarcasmes, par menaces; je juge convenable de lui refuser toute explication. Monsieur de Maillefort peut donner à mes paroles le sens... qui lui conviendra...

—Oh! oh! donner un sens à vos paroles! dit le bossu riant, je ne me charge pas d'une telle tâche, c'est l'affaire de vos honorables collègues de la Chambre des pairs, lorsque vous leur débitez un de ces superbes discours... que vous avez la particularité de comprendre...

— Finissons, Monsieur, — dit M. de Mornand poussé à bout,— admettez mes paroles aussi insolentes que possible...

— Mais tu es fou, — s'écria de Ravil, — tout ceci... est... ou sera d'un ridicule achevé.

— Vous avez raison, mon pauvre baron, dit le marquis d'un air naïf et contrit,—cela peut devenir d'un ridicule énorme, effrayant.... pour.... Monsieur; aussi, voyez comme je suis bon prince, je me contenterai des excuses... suivantes, faites à voix haute par M. de Mornand devant trois ou quatre personnes à mon choix : « Monsieur le marquis de Maillefort, je vous demande très humblement et très honteusement pardon d'avoir osé... »

—Assez!... Monsieur!... s'écria M. de Mornand,—vous me supposez donc bien lâche... ou bien stupide ?

— Vrai? vous me refusez cette réparation, dit le marquis en poussant un gros soupir d'un air railleur,—vous me la refusez... là... positivement ?

— Eh ! oui, Monsieur, positivement, —s'écria M. de Mornand,—très positivement !

— Alors, Monsieur, dit le marquis avec autant d'aisance que de parfaite courtoisie. — je me crois obligé de terminer cet entretien ainsi que je l'ai commencé, et d'avoir de nouveau, Monsieur, l'honneur de vous dire : — *Voulez-vous me faire la grâce de me servir de vis-à-vis ?...*

— Comment ? Monsieur, votre vis-à-vis ?— dit M. de Mornand ébahi.

— Mon vis-à-vis... dans une *contredanse à deux*, — ajouta le bossu avec un geste expressif...— vous comprenez ?...

— Un duel... avec vous? — s'écria M. de Mornand qui, dans le premier emportement de la colère, avait oublié la position exceptionnelle du bossu et qui seulement alors songeait à tout ce qu'il pouvait y avoir de ridicule pour lui dans une pareille rencontre, aussi répéta-t-il :

— Un duel avec vous, Monsieur? Mais...

— Allez-vous me répondre comme tout-à-l'heure,—reprit gaîment le bossu, en l'interrompant, — que cet autre vis-à-vis est *trop délicat ?...* ou *trop dangereux*, comme disait votre ami de Ravil?

— Non, Monsieur... je ne trouverais pas cela trop dangereux...—s'écria M. de Mornand, — mais ce serait par trop ridicule.

— Eh! mon Dieu! c'est ce que je disais tout-à-l'heure à cet honnête Monsieur de Ravil... ce sera d'un ridicule énorme... effrayant... pour vous... mon pauvre Monsieur... Mais que voulez-vous?

— En vérité, Messieurs,—s'écria de Ravil,—je ne souffrirai jamais que...

Puis, avisant Gerald de Senneterre qui passait dans le jardin, il ajouta :

—Voici justement le duc de Senneterre... le fils de la maison ; il va se joindre à moi pour terminer cette folle querelle.

— Pardieu, Messieurs,—reprit le bossu,—le duc arrive à merveille.

Et, s'adressant au jeune homme, il lui dit:

— Gerald, mon cher ami... venez à notre secours.

— Qu'y a-t-il, Monsieur le marquis? — répondit Gerald avec une expression d'affectueuse déférence.

— Vous avez des cigares?

— Excellents, monsieur le marquis...

— Eh bien! mon cher Gerald, ces deux Messieurs et moi, nous mourons d'envie de fumer... Allons faire cette petite débauche dans votre appartement.

— A merveille, — répondit gaîment Gerald, — je n'ai aucune invitation pour cette contredanse... je puis donc disposer d'un quart-d'heure.

— C'est autant de temps qu'il nous en faudra,—dit le bossu en jetant un regard significatif à de Mornand et à de Ravil, qui, néanmoins, ne comprirent pas davantage où le marquis en voulait arriver.

— Venez-vous, Messieurs? — ajouta le bossu en prenant le bras de Gerald, et précédant le *ministre en herbe* et son ami...

En quelques secondes, les quatre personnages arrivèrent dans l'appartement de Gerald, situé au second étage de la maison de sa mère, et composé de trois pièces, dont l'une était fort grande.

Le jeune duc ayant poliment prié MM. de Mornand et de Ravil de passer les premiers, M. de Maillefort dit à Gerald, en donnant un tour de clé à la serrure de la porte, et en mettant la clé dans sa poche :

— Vous permettez, mon cher ami?

— Pourquoi donc fermer cette porte à double tour, Monsieur le marquis? lui dit Gerald très surpris.

— Afin... de n'être pas dérangés, —répondit mystérieusement le bossu,—et de pouvoir fumer... tranquillement...

—Diable... vous êtes homme de précaution, monsieur le marquis, —dit Gerald en riant.

Et il introduisit MM. de Mornand et de Ravi., dans la pièce du fond qui, beaucoup plus grande que les deux autres, servait de salon et de cabinet au jeune duc.

On voyait à l'une des boiseries de cette pièce, une sorte de large écusson recouvert de velours rouge, sur lequel se détachait une panoplie d'armes de guerre, de chasse et de combat.

VI

M. de Mornand, en voyant le marquis de Maillefort fermer à double tour la porte de l'appartement, avait à peu pèrs deviné l'intention du bossu. Bientôt celui-ci ne laissa pas le moindre doute sur sa résolution : dénouant sa cravate, il ôta son gilet et son habit avec une prestesse singulière à l'ébahissement croissant de Gerald, qui venait de prendre ingénument sur la cheminée son coffret à cigares.

Le marquis, montrant alors du doigt deux épées de combat suspendues avec les autres armes de la panoplie, dit au jeune duc :

— Mon cher Gerald, ayez la bonté de mesurer ces épées avec M. de Ravil et d'offrir la plus longue à mon adversaire ; si elles sont inégales... je m'arrangerai de la plus courte. Eh! eh!.. on connaît le proverbe... *les bossus ont les bras longs.*

— Comment, — s'écria Gerald, — ces épées?...

— Certainement, mon cher ami. En deux mots, voici la chose. Monsieur (et il désigna de Mornand) vient d'être très sottement impertinent à mon égard, il m'a refusé des excuses, il m'en ferait à cette heure que je ne les accepterais plus... Nous allons donc nous battre : vous serez mon témoin ; M. de Ravil sera celui de M. de Mornand ; nous allons être ici comme des sybarites.

Puis s'adressant à M. de Mornand, le marquis ajouta :

— Allons, Monsieur... habit bas... Gerald n'a qu'un quart d'heure à nous donner, mettons-y de la discrétion.

— Quel dommage qu'Olivier ne soit pas témoin de cette bonne scène ! — pensa Gerald, qui, revenu de sa stupeur, trouvait, en étourdi et valeureux garçon qu'il était, l'aventure d'autant plus piquante, qu'il éprouvait peu de sympathie pour MM. de Mornand et de Ravil, et qu'il ressentait une grande affection pour le marquis.

Le bossu ayant fait sa déclaration d'imminente hostilité, M. de Ravil dit à Gerald d'un air parfaitement convaincu :

— Vous sentez bien, monsieur le duc, qu'un tel duel est impossible.

— Impossible ! pourquoi cela, Monsieur ? — demanda sèchement l'ancien maréchal-des-logis aux chasseurs d'Afrique.

— Merci... Gerald, — dit le marquis. — Les épées, mon cher ami !... vite... les épées !

— Mais, encore une fois, un tel duel, dans

la maison de madame votre mère ? Cela ne se peut pas, monsieur le duc, — dit de Ravil en voyant Gerald se diriger du côté de la panoplie et y décrocher deux épées de combat qu'il examina soigneusement.

— Songez-y donc, monsieur le duc, — reprit de Ravil, avec une nouvelle insistance, — un duel... dans une chambre... chez vous... pour le motif le plus futile....

— Je suis seul juge, Monsieur, de la convenance de ce qui se passe chez moi, — reprit froidement Gerald, — il y a mille exemples de duels pareils, rien n'est plus simple et plus commode... n'est-ce pas, monsieur de Mornand !

Celui-ci, ainsi interpellé, répondit :

—Tout endroit est convenable pour venger une offense, monsieur le duc.

— Bravo!... le Cid n'eût pas mieux dit, — s'écria le bossu.—Alors, mon cher monsieur de Mornand... vite... habit bas. Voyez donc, il faut que ce soit moi... moi qui ne suis pas absolument bâti comme l'Apollon du Belvédère... qui sois le premier à me mettre en chemise... La partie n'est pas égale.

M. de Mornand, poussé à bout, ôta son habit.

— Je déclare que je ne serai pas témoin d'un duel pareil,— s'écria M. de Ravil.

— A votre aise, — reprit le bossu,—j'ai la clé de la porte dans ma poche... Regardez par la fenêtre et tambourinez-nous sur les vitres un petit air de bravoure;... ça ne sera peut-être pas d'un mauvais effet pour M. de Mornand.

— De Ravil,—s'écria l'adversaire du marquis, — je t'en prie... mesure les épées.

—Tu le veux?...

— Je le veux...

— Soit... mais tu es fou.

Puis s'adressant à Gerald :

— Vous prenez là, Monsieur, une bien grave responsabilité.

—Cela suffit, Monsieur,—répondit Gerald en mesurant les épées avec de Ravil, pendant que M. de Mornand ôtait son habit.

Le marquis, en rappelant ce proverbe : *les bossus ont les bras longs*, avait dit vrai, car lorsqu'il releva la manche de la chemise pour la rouler et l'assujétir au-dessus de la saignée, il découvrit un long bras velu, maigre, nerveux, et sur lequel les veines saillissaient comme un réseau de cordes, tandis que le bras de son adversaire était gras, et pour ainsi dire d'une mollesse informe.

A la manière dont les deux champions tombèrent en garde et dont ils engagèrent leurs fers, après que Gerald, ayant consulté de Ravil du regard, leur eut dit : *Allez, Messieurs...* l'issue de la rencontre ne pouvait être douteuse...

L'on voyait assez que M. de Mornand était, si cela peut se dire, *convenablement brave*, de cette bravoure qu'il est impossible à un homme bien élevé de ne pas montrer, mais il était visiblement inquiet : son jeu, d'une prudence excessive, dénotait une certaine connaissance de l'escrime; engageant à peine son fer, rompant prestement, se tenant autant qu'il le pouvait hors de portée et toujours sur la défensive, il parait passablement, ripostait avec timidité et n'attaquait jamais.

Un moment de Ravil et Gerald même furent épouvantés de l'expression de haine, de férocité qui changea la physionomie du marquis, jusqu'alors gaie, railleuse, mais nullement méchante, car soudain, les traits contractés par une rage sourde, il attacha sur M. de Mornand un regard d'une si terrible fixité en maîtrisant vigoureusement le fer de son adversaire, tout en marchant à l'épée sur lui, que Gerald tressaillit.

Mais, redevenant tout à coup et comme par réflexion ce qu'il avait été au commencement de cette scène étrange, jovial et moqueur, le bossu à mesure que ses traits se détendirent, ralentit sa redoutable marche à l'épée ; puis voulant sans doute terminer cette rencontre, il fit une feinte en dedans des armes; M. de Mornand y répondit ingénument, tandis que son adversaire, tirant en dehors, lui traversa le bras droit.

A la vue du sang qui coula, Gerald et de Ravil s'avancèrent en s'écriant :

— C'est assez, Messieurs.. c'est assez...

Les deux champions baissèrent leurs épées à la voix de leurs témoins, et le marquis dit à haute voix :

— Je me déclare satisfait... je fais mieux, monsieur de Mornand, je vous demande très humblement pardon... d'être bossu... C'est la seule excuse que je puisse raisonnablement vous offrir.

— Cela suffit, Monsieur, — dit M. de Mornand avec un sourire amer, tandis que Gerald et de Ravil, à l'aide d'un mouchoir, bandaient la plaie du blessé, plaie peu grave d'ailleurs.

Ce premier appareil posé, les deux adversaires se rhabillèrent; M. de Maillefort dit alors à M. de Mornand :

— Voudrez-vous, Monsieur, me faire la grâce de m'accorder un moment d'entretien dans la pièce voisine ?

— Je suis à vos ordres, Monsieur,—répondit M. de Mornand.

— Vous permettez, Gerald? demanda le bossu au jeune duc.

— Certainement, répondit celui-ci.

M. de Maillefort et M. de Mornand étant seuls dans la chambre à coucher de Gerald, le bossu dit de son air leste et moqueur :

— Quoiqu'il soit de mauvais goût de parler de sa générosité, mon cher monsieur, je suis obligé de vous confesser qu'un moment j'ai eu envie de vous tuer, et que rien ne m'eût été plus facile...

— Il fallait user de votre avantage, Monsieur.

— Oui, mais j'ai réfléchi...

— Et à quoi, Monsieur ?

— Vous me permettrez de ne pas vous ouvrir tout à fait mon cœur, et de vous prier seulement de considérer cet innocent coup d'épée comme quelque chose d'analogue à ces remémoratifs à l'aide desquels on aide à sa mémoire en certaines circonstances...

— Je ne vous comprends pas du tout, Monsieur.

— Vous m'accordez bien que souvent l'on met un petit morceau de papier dans sa tabatière, ou, si l'on ne prise pas, que l'on fait un nœud à son mouchoir, afin de se rappeler... un rendez-vous, une date, une promesse ?

— Oui, Monsieur... ensuite?

— J'ai donc tout lieu d'espérer que, moyennant la piqûre que je viens de vous faire au bras, en guise de remémoratif, la date de ce jour ne sortira jamais de votre mémoire ?

— Et quel intérêt, Monsieur, avez-vous à ce que je n'oublie pas la date de cette journée ?

— Mon Dieu... c'est bien simple... Je désirais fixer la date de ce jour dans votre souvenir d'une manière ineffaçable... parce qu'il est possible... que plus tard j'aie à vous rappeler *tout ce que vous avez dit dans cette matinée...*

—Me rappeler tout ce que j'ai dit aujour-d'hui?

— Oui, Monsieur, tout ce que vous avez dit en présence de témoins irrécusables que j'invoquerais au besoin.

— Je vous comprends de moins en moins, Monsieur...

—Je ne vois, quant à présent, aucun avantage à ce que vous me compreniez mieux, mon cher monsieur ; vous me permettrez donc d'avoir l'honneur de vous présenter mes très humbles civilités et d'aller dire adieu à Gerald.

Il est facile de le deviner : la cause réelle de la provocation de M. de Maillefort à M. de Mornand était la façon insultante avec laquelle ce dernier avait parlé de madame de Beaumesnil, car ses soupçons ne le trompaient pas... c'était le bossu qui, invisible, et entendant les grossières paroles de M. de Mornand, avait crié : *Misérable...*

Maintenant, pourquoi M. de Maillefort, toujours d'une si franche hardiesse, avait-il dû employer un moyen détourné, se servir d'un futile prétexte pour venger l'insulte faite à madame de Beaumesnil ? dans quel but voulait-il pouvoir rappeler plus tard à M. de Mornand la date de cette journée, et lui demander peut-être compte de tout ce qui avait été dit devant des témoins irrécusables ?

C'est ce qu'éclaircira la suite de ce récit.

Le marquis de Maillefort venait de prendre

congé de Gerald, lorsqu'un des gens de sa mère lui remit la lettre suivante, qu'Olivier lui écrivait le matin même.

« Mon bon Gerald, l'homme propose et
« Dieu dispose (pardon de la sentence) ; or
« donc, hier soir, le bon Dieu, prenant la
« forme de mon brave maître maçon, a déci-
« dé que je m'en irais pendant quinze jours
« ou trois semaines, à six lieues d'ici, cela
« me contrarie fort, car notre bonne partie
« d'après-demain ne pourra pas avoir lieu.

« Sérieusement voici ce qui arrive : mon
« maître maçon est peu fort sur le calcul; il
« s'est tellement embrouillé dans ses comp-
« tes, en faisant le relevé de travaux exécu-
« tés dans un château près de Luzarches,
« qu'il lui est impossible de se reconnaître

« au milieu de ses notes, et à moi de porter
« la moindre lumière dans ces ténèbres ; il
« faut donc que nous allions procéder à une
« foule de toisés, dont je prendrai note afin
« d'éviter de nouveaux logogriphes ; ce tra-
« vail m'oblige à une assez longue absence ;
« du reste, mon maître maçon est un ancien
« sergent du génie, brave et honnête homme,
« simple, naturel ; et tu sais que la vie est fa-
« cile avec des gens de cette nature ; ce qui
« m'a encore engagé à aller l'assister, c'est
« qu'autant que j'en ai pu juger, il se trompe
« à son désavantage ; la chose est rare, je ne
« suis pas fâché d'aider à la constater.

« Je quitte mon bon oncle (dis?... quel
« cœur d'or !) avec une terrible anxiété...
« Madame Barbançon ramenée chez nous

« par la belle voiture de la comtesse de Beau-
« mesnil, est depuis hier dans un état alar-
« mant... surtout pour les modestes repas de
« mon oncle ; elle n'a pas une seule fois pro-
« noncé le nom de *Buonaparte*, elle est tout
« mystère; elle s'arrête pensive dans le jar-
« din, et inactive dans sa cuisine... elle nous
« a donné ce matin du lait tourné et des œufs
« durs.

« Donc, avis à toi, mon bon Gerald, s'il te
« prend fantaisie d'aller manger *à l'ordinaire*
« du vieux marin. Du reste, évidemment,
« madame Barbançon brûle du désir de s'en-
« tendre interroger sur l'incident d'hier soir,
« afin d'être amenée à une indiscrétion. Tu
« juges combien mon oncle et moi nous som-
« mes au contraire réservés à ce sujet, par

« cela même qu'il y a quelque chose de sin-
« gulier, de curieux même dans l'aventure.

« Si, pendant mon absence, tu peux dis-
« poser d'un moment, va voir... mon oncle...
« tu lui feras le plus grand plaisir... car je
« vais bien lui manquer. Je ne puis te dire
« combien il t'aime déjà ; pauvre et digne
« soldat !... Quelle ineffable bonté ! quel
« cœur droit il y a sous cette simple enve-
« loppe !.. Ah ! mon cher Gerald, je n'ai ja-
« mais ambitionné la fortune ; mais je trem-
« ble en pensant qu'à son âge et avec ses in-
« firmités, mon oncle aura de plus en plus
« de peine à vivre de sa petite retraite... mal-
« gré toutes les privations qu'il supporte cou-
« rageusement... Et s'il allait tomber mala-
« de ?... car deux de ses blessures se rou-

« vrent souvent... et pour les pauvres gens,
« c'est si cher la maladie !... Tiens, Gerald,
« cette pensée est cruelle.

« Pardon, mon ami, mon frère... j'ai com-
« mencé cette lettre gaîment... la voici qui
« devient triste...

« Adieu, Gerald, à bientôt. Ecris-moi à
« Luzarches, poste restante.

« A toi de tout et bon cœur,

« OLIVIER RAYMOND. »

VII

Le soir du jour où avait eu lieu le duel de M. de Maillefort, vers les sept heures et demie, alors que le soleil commençait de décliner au milieu de nuages sombres, épais, qui présageaient une soirée pluvieuse, car déjà tombaient quelques rares, mais larges gouttes de pluie, une jeune fille traversait la place de la Concorde, se dirigeant vers le faubourg Saint-Honoré.

Cette jeune fille portait sous son bras gauche deux cahiers de musique dont les reliures fanées attestaient les longs services; à la main droite elle avait un petit parapluie dont elle s'abritait; sa mise, des plus modestes, se composait d'une robe de soie noire, d'un mantelet de pareille étoffe, et, quoique le printemps fût déjà avancé, d'un chapeau de castor gris noué sous son menton par un large ruban; quelques légers flocons de cheveux d'un blond charmant, agités par le vent, débordaient la passe étroite du petit chapeau de cette jeune fille, et encadraient un frais visage de dix-huit ans au plus, alors empreint d'une profonde tristesse, mais rempli de grâce, de modestie et de dignité; cette dignité, pour ainsi dire native, se retrouvait encore dans l'expression mélancolique et fière des grands yeux bleus de cette jeune fille; sa démarche était élégante, légère, et quoique son ample mantelet dissimulât sa taille, elle semblait aussi parfaite que souple et dégagée. Enfin, bien que ses vêtements annonçassent leur vétusté par la mollesse de leurs plis et par une espèce de lustre terne (si l'on peut employer cette antithèse), ils étaient si merveilleusement propres et portés avec une si rare distinction, que l'on oubliait leur quasi-pauvreté.

La jeune fille, voulant traverser un ruisseau, releva un peu sa robe; aussi, lorsqu'elle avança son joli pied, chaussé de brodequins bien cirés, à semelle un peu épaisse, elle laissa voir un bas de coton d'une blancheur de neige, et le bord d'un jupon non moins éblouissant, bordé d'un petit tulle de coton.

Une pauvre femme tenant un enfant entre ses bras, ayant murmuré quelques mots d'une voix implorante en s'adressant à la jeune fille, celle-ci, qui se trouvait alors au coin de la rue des Champs-Elysées, s'arrêta, puis après un moment de naïf embarras, car ayant les deux mains occupées, l'une par son parapluie, l'autre par ses cahiers de musique, elle ne pouvait fouiller à sa poche, la jeune fille plaça pour un instant ses cahiers sous le bras de la pauvresse, et lui mit son parapluie dans la main. Ainsi abritées, elle et la mendiante, la jeune fille tira de sa robe une bourse de soie, ôta un de ses gants, prit dans la bourse qui contenait au plus quatre francs en menue monnaie, une pièce de deux sous, et, presque confuse, dit à la mendiante d'une voix d'un timbre enchanteur :

— Tenez, bonne mère... pardonnez-moi de ne pouvoir vous offrir davantage.

Et jetant un regard attendri sur la figure étiolée du petit être que la mendiante serrait contre son sein, elle ajouta :

— Pauvre cher enfant... que Dieu vous le conserve...

Et de sa main délicate et blanche, déposant sa modeste aumône dans la main amaigrie que la mendiante lui tendait, et qu'elle trouva moyen de presser légèrement, la jeune fille remit son pauvre vieux petit gant, bien souvent recousu par elle, reprit son parapluie, ses cahiers de musique, jeta un dernier regard de tendre commisération sur la pauvresse, et continua sa route en suivant la rue des Champs-Elysées.

Si nous avons insisté sur les détails de cette aumône, détails peut-être puérils en apparence, c'est qu'ils nous semblent significatifs : ce don, quoique bien minime, n'avait pas été fait avec hauteur ou distraction, la jeune fille ne s'était pas contentée de laisser dédaigneusement tomber une pièce de monnaie dans la main qui l'implorait. Et comprendra-t-on enfin cette nuance, sans doute insaisissable à bien des esprits ! Pour offrir son aumône... la jeune fille s'était dégantée...

comme elle l'eût fait pour toucher la main d'une amie.

Le hasard voulut que M. de Ravil, après avoir reconduit chez lui son ami, légèrement blessé (M. de Mornand demeurait dans le quartier de la Madeleine); le hasard voulut, disons-nous, que M. de Ravil se croisât sur le trottoir de la rue des Champs-Elysées avec la jeune fille ; frappé de sa beauté, de sa tournure distinguée qui contrastaient singulièrement avec la plus que modeste apparence de ses vêtemens, cet homme s'arrêta une seconde devant elle, la toisa d'un regard cynique ; puis, lorsqu'elle eut fait quelques pas, il se retourna, et la suivit, se disant, en remarquant le cahier de musique qu'elle portait sous son bras :

— C'est quelque vertu du Conservatoire... pour le moment égarée.

La jeune fille entrait dans la rue de l'Arcade, rue alors peu habitée.

De Ravil hâta le pas, et se rapprochant de l'inconnue, il lui dit insolemment :

— Mademoiselle donne sans doute des leçons de musique? Voudrait-elle venir m'en donner une... à domicile?

Et il serra le coude de la jeune fille.

Celle-ci, effrayée, poussa un léger cri, se retourna brusquement, et quoique ses joues fussent empourprées par l'émotion, elle jeta sur de Ravil un regard de mépris si écrasant, que, malgré son impudence, cet homme baissa les yeux et dit à l'inconnue en s'inclinant devant elle d'un air de déférence ironique :

— Pardon... *Madame la princesse*... je m'étais trompé...

La jeune fille continua son chemin, affectant, malgré sa pénible anxiété, de marcher tranquillement ; la maison où elle se rendait, se trouvant d'ailleurs très proche de là.

— C'est égal, je veux la suivre, — dit de Ravil. — Voyez donc cette donzelle, qui, avec sa mauvaise robe noire, sa musique sous le bras et son parapluie à la main, se donne des airs de duchesse ?...

Cet homme faisait, sans le savoir, une comparaison d'une justesse extrême, car

Herminie (la jeune fille s'appelait ainsi et n'avait pas d'autre nom, la pauvre enfant de l'amour qu'elle était), car Herminie, — disons-nous, — était vraiment *duchesse*, si l'on entend par ce mot résumer cette grâce, cette élégance native que rehausse encore l'indomptable ORGUEIL, naturel à tout caractère délicat, susceptible et fier.

L'on a dit que bien des duchesses, par leurs instincts, par leur extérieur, étaient nées *lorettes,* et qu'en revanche de pauvres créatures *de rien* naissaient *duchesses* par leur distinction naturelle.

Herminie offrait une nouvelle et vivante preuve à l'appui de cette opinion ; les compagnes qu'elle s'était faites dans son humble condition de maîtresse de chant et de piano, l'avaient familièrement baptisée *la duchesse* ; celles-ci (et elles étaient en petit nombre) par dénigrement ou par jalousie ; les plus modestes existences, les plus généreux cœurs n'ont-ils pas leurs détracteurs ? celles-là, au contraire, parce qu'elles n'avaient pas trouvé de terme qui exprimât mieux l'impression que leur causaient les manières et le caractère d'Herminie, celle-ci n'étant autre, on le devine facilement, que la jeune fille dont Olivier avait plusieurs fois parlé à Gerald lors de leur dîner chez le commandant Bernard.

Herminie, toujours suivie par de Ravil, quitta la rue de l'Arcade, gagna la rue d'Anjou, heurta à la porte d'un grand hôtel, et y entra, échappant ainsi à la poursuite obstinée du cynique personnage.

— C'est singulier, — dit celui-ci en s'arrêtant à quelques pas, — que diable va faire cette jolie fille à *l'Hôtel de Beaumesnil* avec sa musique sous le bras ?... Elle ne demeure certainement pas là.

Puis, après un moment de réflexion, de Ravil reprit :

— Mais j'y songe... c'est sans doute le *David* femelle qui, par le charme de sa musique, va tâcher de calmer les douleurs de madame de Beaumesnil ; quant à celle-ci, l'on ne peut guère la comparer au bon roi Saül que pour ses immenses richesses, dont héritera cette petite Beaumesnil... à l'endroit de qui mon ami Mornand ressent déjà le plus cupide intérêt... Il n'importe : cette jolie musicienne qui vient d'entrer dans l'hôtel de la comtesse, me tient au cœur... Je vais attendre qu'elle sorte... Il faudra bien que je sache son adresse.

L'expression de tristesse dont le charmant visage d'Herminie était empreint, parut augmenter encore, lorsqu'elle toucha le seuil de l'hôtel ; passant devant la loge du portier, sans lui parler, comme eût fait une commensale de la maison, elle se dirigea vers le vaste péristyle de cette somptueuse demeure.

Il était encore grand jour; pourtant à travers le vitrage des fenêtres, l'on apercevait tout le premier étage splendidement éclairé par les bougies des lustres et des candelabres dorés.

A cet aspect, la surprise d'Herminie se

changea en angoisse inexprimable; elle entra précipitamment dans l'antichambre.

Là, elle ne vit aucun des valets de pied qui s'y tenaient habituellement.

Le plus profond silence régnait dans cette maison, non pas bruyante d'ordinaire, mais forcément animée par un nombreux domestique.

La jeune fille dont le cœur se serrait de plus en plus, monta le grand escalier, puis arrivant au vaste palier, et trouvant les portes des appartements ouvertes à deux battants, elle put parcourir d'un seul regard, cette longue enfilade de pièces immenses et magnifiques.

Toutes étaient brillamment illuminées, mais désertes.

La pâle clarté des bougies luttant contre les ardents rayons du soleil couchant, produisait un jour faux, étrange, funèbre...

Herminie, ne pouvant se rendre compte de sa poignante émotion, s'avança non sans crainte, traversa plusieurs salons... et s'arrêta brusquement.

Il lui semblait entendre au loin des sanglots étouffés.

Enfin elle arriva à l'entrée d'une longue galerie de tableaux formant équerre avec les pièces qu'elle venait de parcourir.

A l'extrémité de cette galerie, Herminie

aperçut tous les gens de l'hôtel agenouillés au seuil d'une porte aussi ouverte à deux battants.

Un terrible pressentiment épouvanta la jeune fille...

La veille... à la même heure, lorsqu'elle avait quitté madame de Beaumesnil, celle-ci était dans un état alarmant... mais non désespéré...

Plus de doute... ces lumières, cet appareil solennel, ce lugubre silence, seulement entrecoupé de sanglots étouffés... annonçaient que l'on administrait les derniers sacrements à madame de Beaumesnil... et l'on saura bientôt les liens secrets qui unissaient la comtesse à Herminie.

La jeune fille, éperdue de douleur et d'effroi, sentit ses forces l'abandonner... Elle fut obligée de s'appuyer un instant à l'une des consoles de la galerie ; puis, tâchant de dissimuler ses sentiments et de cacher ses larmes, elle alla d'un pas chancelant rejoindre le groupe des gens de la maison, et s'agenouilla parmi eux et comme eux à peu de distance d'une porte ouverte à deux battants, qui laissait voir l'intérieur de la chambre à coucher de madame de Beaumesnil.

VIII

Au fond de la chambre, à la porte de laquelle venait de s'agenouiller Herminie, parmi les gens de l'hôtel, on voyait, à la faible lueur d'une lampe d'albâtre, madame de Beaumesnil, femme de trente-huit ans environ, d'une pâleur et d'une maigreur extrême.

La comtesse, assise dans son lit et soutenue par ses oreillers, avait les mains jointes.

Ses traits, autrefois d'une rare beauté, exprimaient un profond recueillement; ses grands yeux, jadis d'un bleu vif et pur, semblaient alors ternis; elle les attachait avec une sorte de reconnaissance mêlée d'angoisse, sur M. l'abbé Ledoux, prêtre de sa paroisse, qui venait de lui administrer les derniers sacrements.

Un moment avant l'arrivée d'Herminie, madame de Beaumesnil, abaissant encore le ton de sa voix, déjà bien épuisée par la souffrance, disait au prêtre :

— Hélas !... mon père... pardonnez-moi... mais à ce moment solennel... je ne puis m'empêcher de songer avec plus d'amertume encore à cette pauvre enfant... ma fille aussi... triste fruit d'une faute dont le remords a flétri ma vie...

— Silence... Madame... avait répondu le prêtre qui, jetant un coup d'œil oblique sur le groupe des domestiques, venait de voir Herminie se mettre à genoux comme eux.

— Silence... Madame... — reprit l'abbé, — elle est... là...

— Elle ?

— Oui... elle arrive à l'instant ; elle s'est agenouillée parmi vos gens...

En disant ces mots, le prêtre alla discrètement fermer les deux venteaux de la porte après avoir d'un signe fait entendre aux domestiques que la triste cérémonie était terminée.

— En effet je me le rappelle... hier... lorsque Herminie... m'a quittée, — reprit madame de Beaumesnil, — je l'ai priée de revenir à cette heure ; mon médecin avait raison... la voix angélique de cette chère enfant, ses chants, d'une suave mélodie, ont souvent apaisé mes douleurs.

— Prenez garde, — dit le prêtre en revenant et se trouvant seul avec sa pénitente, — Madame... soyez prudente...

— Oh ! je le suis, — dit madame de Beaumesnil avec un sourire amer... — ma fille ne soupçonne rien.

— C'est probable, — dit le prêtre, — car le hasard... ou plutôt l'impénétrable volonté de la Providence a rapproché cette jeune fille de vous depuis quelques jours... Sans doute... le Seigneur a voulu vous soumettre à une rude épreuve.

— Bien rude en effet, mon père... car il me faudra abandonner cette vie, sans avoir jamais dit... *Ma fille*, à cette infortunée ! Hélas !... j'emporterai dans la tombe... ce triste secret !

— Votre serment vous impose se sacrifice, Madame, c'est un devoir sacré ! — dit sévèrement le prêtre. — Vous parjurer serait... un sacrilége !...

— Jamais, mon père... je n'ai songé à me

parjurer,—répondit madame de Beaumesnil avec abattement, — mais Dieu me punit cruellement... Je meurs... forcée de traiter en étrangère... mon enfant... qui est là... à quelques pas de moi... agenouillée parmi mes gens, et qui doit toujours ignorer que je suis sa mère.

— Votre faute a été grande, Madame... l'expiation doit être grande aussi !

— Depuis longtemps, elle dure pour moi, cette cruelle expiation... mon père... Fidèle à mon serment, n'ai-je pas eu le courage de ne jamais chercher à savoir ce qu'était devenue cette infortunée ?... Hélas ! sans le hasard qui l'a rapprochée de moi, il y a peu de jours, je mourais sans l'avoir revue depuis dix-sept ans...

— Ces pensées vous sont mauvaises, ma sœur, — reprit pieusement le prêtre ; — elles vous ont conduite hier... à une démarche des plus imprudentes...

— Rassurez-vous, mon père, il est impossible que la femme que j'ai envoyé chercher hier... ostensiblement, sans aucun mystère, afin d'éloigner tout soupçon... puisse se douter de l'intérêt que j'avais... à lui demander certains renseignements... sur le passé... qu'elle seule pouvait donner.

— Et ces renseignements !

— Ainsi que je m'y attendais, ils m'ont confirmé de la manière la plus irrécusable... ce que je savais... qu'Herminie est ma fille.

— Mais comment compter sur la discrétion de cette femme!

— Elle ignore ce qu'est devenue ma fille depuis seize ans qu'elle a été séparée d'elle...

Mais... cette femme, ne pouvait-elle pas vous reconnaître?

— Je vous ai confessé, mon père, que j'avais un masque sur la figure, lorsqu'Herminie était venue au monde... avec l'aide de cette femme... Et hier, dans mon entretien avec elle... je l'ai facilement persuadée que la mère de l'enfant dont je lui parlais, était morte depuis longtemps...

— De ce coupable mensonge, il faudra encore que je vous absolve... ma sœur... — reprit sévèrement l'abbé Ledoux, — vous voyez les fatales conséquences de votre criminelle sollicitude pour une créature qui, d'après votre serment, devait vous rester à jamais étrangère...

— Ah ! ce serment que le remords... que la reconnaissance pour le plus généreux pardon m'ont arraché... Je l'ai souvent maudit, mais je l'ai toujours tenu... mon père !

— Et cependant, ma sœur, à cette heure encore, toutes vos pensées sont concentrées sur cette jeune fille ?

— Toutes ?... non, mon père... puisque j'ai une autre enfant ; mais, hélas ! puis-je empêcher mon cœur de battre à l'approche d'Herminie... qui est ma fille aussi ! Puis-je empêcher mon cœur de voler au-devant du sien? Il faut pourtant demander des choses possibles... car enfin si, à force de courage, je parviens à commander à mes lèvres, à mes regards; à contraindre, à dissimuler tout ce que j'éprouve lorsque je sens Herminie près de moi... je ne peux pas non plus m'empêcher d'être mère !

— Alors, madame, il faut m'écouter, — reprit sévèrement le prêtre. — Il faut interdire à cette jeune fille l'entrée de votre maison... vous avez pour cela des prétextes plausibles ; croyez-moi donc, remerciez-la de ses services... et...

— Jamais, — dit vivement la comtesse, — non, jamais je n'aurai ce courage..... N'est-ce pas déjà assez malheureux pour moi, mon Dieu! que mon autre fille... dont la tendresse légitime m'eût été si consolante à cette heure..... soit en pays étranger.... pleurant son père qu'un terrible accident lui a enlevé... et qui sait?... peut-être Ernestine aussi se meurt comme moi! Pauvre petite! elle est partie d'ici... si frêle... si souffrante... Oh! il n'est pas une mère plus à plaindre que moi!

Et deux larmes brûlantes tombèrent des yeux de madame de Beaumesnil.

— Du courage... tranquillisez-vous, ma sœur, lui dit l'abbé Ledoux d'une voix onctueuse et insinuante, — ne vous désolez pas ainsi... mettez tout votre espoir dans le Seigneur... Sa clémence est grande... il vous tiendra compte d'avoir supporté chrétiennement cette cérémonie sainte... qui n'était, je vous l'ai dit, que de précaution... Dieu soit loué! votre état, quoique grave, est loin d'être désespéré.

Madame de Beaumesnil secoua mélancoliquement la tête, et reprit :

— Je me sens toujours bien faible, mon père, mais plus calme... maintenant que j'ai accompli mes derniers devoirs... Ah! si je ne pensais pas à mes enfants... je mourrais en paix...

— Je vous comprends, ma sœur, — dit le prêtre, d'une voix doucereuse.

Et comptant, mesurant, pour ainsi dire, les paroles suivantes, tout en observant avec une profonde attention la physionomie de madame de Beaumesnil, l'abbé Ledoux reprit :

— Je vous comprends, ma sœur !... l'avenir de votre fille... légitime... (je ne puis, je ne dois vous parler que de celle-là...) son avenir, dis-je, vous inquiète... et vous avez raison..... orpheline, si jeune... pauvre enfant !...

—Hélas! oui, une mère ne se remplace pas.

— Alors, ma sœur, — reprit lentement l'abbé Ledoux, en couvant la malade des yeux, — pourquoi toujours hésiter... à assurer autant qu'il était en vous l'avenir de cette fille chérie? pourquoi ne m'avoir pas permis, depuis si longtemps que je vous demande cette faveur, de vous présenter ce jeune homme si pieux... si bon... ce modèle de sagesse et de vertu, dont je vous ai souvent entretenu? Votre cœur maternel aurait dès longtemps apprécié ce trésor de qualités chrétiennes... et sûre d'avance de l'obéissance de votre fille à vos volontés dernières, vous lui eussiez recommandé par quelques lignes de votre main, que j'aurais remises à cette chère enfant... vous lui eussiez, dis-je, recommandé de prendre pour époux M. *Célestin de Macreuse ;*... alors votre fille aurait eu un époux selon Dieu... car...

— Mon père... — dit madame de Beaumesnil en interrompant l'abbé Ledoux sans pouvoir cacher l'impression pénible que lui causait cet entretien — je vous l'ai dit... je ne doute pas des qualités de la personne dont vous m'avez souvent parlé... mais ma fille Ernestine n'a pas encore seize ans... je ne veux pas engager ainsi son avenir... en lui prescrivant d'épouser quelqu'un qu'elle ne connaît pas. Cette chère enfant a pour moi tant de tendresse, tant de respect, qu'elle serait capable de se sacrifier ainsi..... à ma volonté dernière...

— N'en parlons plus, ma chère sœur, — se hâta de dire l'abbé Ledoux d'un air contrit. — En désignant à votre choix maternel M. Célestin de Macreuse.... je n'avais qu'une pensée..... celle de vous délivrer de toute inquiétude sur le sort de votre chère Ernestine ; seulement.... permettez-moi de vous le dire, ma sœur... vous avez parlé de sacrifice, ah!... craignez au contraire que votre pauvre enfant ne soit un jour sacrifiée à quelque époux indigne d'elle... à un homme impie, débauché, prodigue! Vous ne voulez pas, dites-vous, influencer d'avance le choix de votre fille... Mais, hélas! ce choix, qui le guidera, si elle a le malheur de vous perdre? Seront-ce des parents éloignés, toujours égoïstes ou insouciants? ou bien, la trop naïve et trop crédule enfant s'abandonnera-t-elle en aveugle à l'impulsion de son cœur? Et alors... j'en frémis, ma sœur... à quelles déceptions, à quelles irréparables chagrins ne sera-t-elle pas fatalement exposée? Songez à la foule de prétendants que son immense fortune doit attirer autour d'elle. Ah! croyez-moi... ma sœur, croyez-moi.... prévenez d'avance ces malheurs menaçants... par un choix prudent et sensé...

— Excusez-moi, mon père, — dit madame

de Beaumesnil, péniblement émue et voulant mettre un terme à cette conversation, — je me sens très faible... très fatiguée. J'apprécie... d'ailleurs, tout l'intérêt... que vous portez à ma fille, mais j'accomplirai mes devoirs de mère autant qu'il sera en moi; vos paroles ne seront pas perdues, je vous l'assure,.. mon père. Que le ciel me donne seulement... la force et le temps... d'agir...

Trop fin, trop rusé pour insister davantage à l'endroit de son protégé, l'abbé Ledoux dit avec componction :

— Priez le Seigneur de vous inspirer, ma sœur....... je ne doute pas qu'il ne vous éclaire sur vos devoirs de mère... allons, courage... et espoir. A demain, ma chère sœur.

— Demain... appartient à Dieu, répondit tristement la comtesse...

— Je vais du moins le prier qu'il prolonge vos jours, ma sœur, — répondit le prêtre en s'inclinant, — et il sortit.

— A peine eut-il disparu, que la comtesse, sonnant une de ses femmes, lui dit :

— Mademoiselle Herminie est-elle là ?

— Oui, madame la comtesse.

— Priez-la d'entrer.

— Oui, Madame la comtesse, — répondit la femme de chambre, en sortant pour accomplir les ordres de sa maîtresse...

. . . .

Herminie, pâle et profondément triste, calme en apparence, entra dans la chambre à coucher de madame de Beaumesnil, tenant sous son bras son cahier de musique.

—Madame la comtesse m'a fait demander? — dit-elle avec déférence...

— Oui, Mademoiselle... j'aurais... une grâce à solliciter de vous, répondit madame de Beaumesnil, qui s'ingéniait à trouver des moyens de se rapprocher pour ainsi dire matériellement de sa fille, — je ne désirerais pas pour le moment demander à votre talent si suave... si expressif, les soulagements inespérés que je lui ai dus jusqu'ici. Il s'agirait d'autre chose...

— Je suis aux ordres de madame la comtesse, — répondit Herminie en baissant les yeux.

— Eh bien! Mademoiselle, j'ai à écrire... une lettre de quelques lignes..... mais je ne sais si la force ne me manquera pas... Je n'ai personne en état de me suppléer... pourriez-vous, au besoin, Mademoiselle, me servir ce soir de secrétaire?

— Avec le plus grand plaisir... Madame, — dit vivement Herminie.

— Je vous remercie... de votre obligeance.

— Madame la comtesse... veut-elle que je lui donne ce qu'il lui faut pour écrire?... — demanda timidement Herminie.

—Mille grâces, Mademoiselle... — répon_

dit la pauvre mère, qui cependant brûlait d'envie d'agréer l'offre de sa fille, afin de rester plus longtemps seule avec elle, — je vais sonner quelqu'un... je ne voudrais pas que vous prissiez tant de peine...

— Ce n'est pas une peine pour moi, Madame... Si vous vouliez bien me dire où je trouverai ce qu'il faut...

— Là... sur cette table... près du piano, Mademoiselle... Il faudrait que vous eussiez aussi la bonté d'allumer une bougie... la clarté de cette lampe est insuffisante... Mais en vérité j'abuse de votre complaisance... — ajouta madame de Beaumesnil, pendant que sa fille s'empressait d'allumer la bougie et d'apporter auprès du lit ce qu'il fallait pour écrire.

La comtesse, ayant pris une feuille de papier à lettre qu'elle plaça sur un buvard posé sur ses genoux, reçut une plume de la main d'Herminie, qui de l'autre tenait un bougeoir.

Madame de Beaumesnil essaya de tracer quelques mots ; mais sa vue affaiblie, jointe à la défaillance de ses forces, l'empêcha de continuer ; la plume s'échappa de sa main tremblante.

Alors s'affaissant sur ses oreillers, la comtesse dit à Herminie en étouffant un soupir et tâchant de sourire :

— J'ai trop présumé de ma vaillance... il faut que j'accepte l'offre que vous avez bien voulu me faire, mademoiselle.

— Il y a si longtemps que Madame la comtesse est alitée... qu'elle ne doit pas s'étonner d'un peu de faiblesse, — reprit Herminie qui sentait le besoin de se rassurer elle-même et de rassurer madame de Beaumesnil.

— Vous avez raison, Mademoiselle, mais c'était une folie à moi... que de vouloir écrire... Je vais donc vous dicter si vous le permettez.

Et comme Herminie, par discrétion, conservait son chapeau, la comtesse, à qui ce chapeau cachait une partie du visage de sa fille, dit avec un léger embarras :

— Si vous vouliez ôter votre chapeau, Mademoiselle, vous seriez, je crois, plus à votre aise pour écrire...

Herminie ôta son chapeau, et la comtesse, qui la dévorait des yeux, put admirer à son aise, dans son orgueil maternel, le charmant visage de sa fille encadré de longues boucles de cheveux blonds.

— Je suis à vos ordres, Madame la comtesse, — dit alors Herminie en s'asseyant devant une table.

— Veuillez donc bien écrire ceci, — répondit madame de Beaumesnil qui dicta les lignes suivantes :

« *Madame de Beaumesnil aurait la plus vive*
« *obligation à Monsieur le marquis de Maillefort*
« *s'il pouvait se donner la peine de passer chez*
« *elle... le plus tôt possible... fût-ce même à une*
« *heure assez avancée de la soirée.*

« *Madame de Beaumesnil se trouvant très souf-*
« *frante, est obligée d'avoir recours à une main*
« *étrangère pour écrire à Monsieur de Maillefort,*
« *à qui elle réitère l'assurance de ses sentiments*
« *les plus affectueux.* »

A mesure que madame de Beaumesnil avait dicté ce billet, une de ces craintes à la fois puériles et poignantes, qu'une mère seule peut concevoir, lui serrait le cœur.

Délicieusement frappée de la parfaite distinction de langage et de manières qu'elle remarquait dans sa fille, reconnaissant en elle une artiste du premier ordre, la comtesse se demandait avec la craintive et jalouse inquiétude d'une mère, si l'éducation d'Herminie était complète, si cette éducation n'avait pas été en quelques parties négligées, au profit du grand talent musical de la jeune fille ?

Que dire enfin ?... car les plus petites choses deviennent importantes pour l'orgueil maternel. Dans ce moment, et malgré de graves et cruelles préoccupations, madame de Beaumesnil ne pensait qu'à une chose :

Sa fille savait-elle bien l'orthographe ? Sa fille avait-elle une jolie écriture ?

Aussi la comtesse hésita quelques instants avant d'oser prier Herminie de lui apporter la lettre qu'elle venait d'écrire ; ne pouvant cependant résister à cette tentation, elle lui dit :

— Vous avez écrit, Mademoiselle ?

— Oui, Madame la comtesse.

— Auriez-vous la bonté de me donner cette lettre... afin... que je voie... si... si le nom de M. de Maillefort est écrit comme il convient... car j'ai oublié de vous en dire l'orthographe...

Ajouta la comtesse, ne trouvant pas de meilleur prétexte à sa curiosité.

Herminie remit la lettre entre les mains de la comtesse... Quelle fut l'orgueilleuse joie de celle-ci. Non-seulement ces quelques lignes étaient parfaitement correctes, mais l'écriture en était charmante.

— A merveille... Je n'ai jamais vu de plus jolie écriture...

Dit vivement madame de Beaumesnil;

Mais, craignant de laisser pénétrer son émotion, elle ajouta plus calme :

— Veuillez, Mademoiselle, écrire sur l'adresse de cette lettre :

A Monsieur le marquis de Maillefort, rue des Martyrs, 45.

Madame de Beaumesnil sonna sa femme de chambre de confiance, et de qui seule elle avait l'habitude de recevoir des soins.

Lorsqu'elle parut,

— Madame Dupont, — lui dit la comtesse, — vous allez prendre une voiture, et vous irez porter vous-même cette lettre à son adresse ; dans le cas où M. de Maillefort devrait rentrer bientôt, vous l'attendriez...

— Mais, — dit la femme de chambre étonnée de cet ordre, dont tant de gens de la maison pouvaient être chargés : — si madame la comtesse a, pendant mon absence, besoin de quelque chose... moi seule suis au service de Madame... et...

—Occupez-vous d'abord de cette commission, — répondit madame de Beaumesnil, — Mademoiselle... voudra bien être assez bonne pour me donner ses soins, si j'en ai besoin.

Herminie s'inclina.

Pendant que la comtesse expliquait ses derniers ordres à sa femme de chambre, Herminie, ne craignant plus d'être surprise, attachait sur madame de Beaumesnil des regards remplis de tendresse et d'inquiétude, se disant avec une résignation navrante :

« — Je n'ose la regarder qu'à la dérobée,
« et pourtant, c'est ma mère !... Ah ! qu'elle
« ignore toujours que je connais le triste
« secret de ma naissance !

IX

Il est impossible de rendre l'expression de bonheur triomphant que trahirent les traits de madame de Beaumesnil, lorsqu'elle vit sa femme de chambre s'éloigner.

La pauvre mère se savait sûre d'être au moins seule pendant une heure avec sa fille.

Grâce à cet espoir, une faible rougeur colora le pâle visage de madame de Beaumesnil ; ses yeux, naguère éteints, brillèrent d'une ardeur fébrile ; une surexcitation factice, malheureusement passagère, succédait à la prostration de ses forces, car la comtesse faisait un effort presque surhumain pour sortir de son état de faiblesse ordinaire, afin de profiter de cette occasion, une des dernières peut-être, de s'entretenir avec sa fille.

Lorsque sa femme de chambre fut sortie, madame de Beaumesnil dit à Herminie qui, baissant ses yeux pleins de larmes, n'osait pas la regarder.

— Mademoiselle, auriez-vous l'obligeance de me donner, dans une tasse, cinq ou six cuillerées de cette potion réconfortante, qui est là... sur la cheminée...

— Mais, madame, — dit Herminie avec inquiétude, — vous oubliez sans doute que le médecin a ordonné que vous ne prissiez cette potion que par très petites cuillerées... Hier, du moins, il m'a semblé l'entendre faire cette recommandation.

— Oui... mais je me sens beaucoup mieux, et cette potion me fera, je crois, un bien infini,.. me donnera de nouvelles forces...

— Madame la comtesse se sent mieux ? — dit Herminie, hésitant entre le désir de croire madame de Beaumesnil et la crainte de la voir s'abuser sur la gravité de sa situation.

— Vous doutez peut-être... de ce mieux... que je ressens?

— Madame la comtesse...

— Cette triste cérémonie... de tantôt vous a effrayée, n'est-ce pas, mademoiselle? Mais rassurez-vous, elle était toute de précaution, et la conscience d'avoir rempli mes devoirs religieux... et d'être prête à paraître devant Dieu... me donne une si grande sérénité d'âme, que je lui attribue... le mieux que j'éprouve... Et, de plus, je suis sûre que ce cordial que je vous demande... et que vous me refusez... — ajouta madame de Beaumesnil en souriant, — me réconforterait tout-à-fait, et me permettrait d'entendre encore... un de vos chants, qui tant de fois ont distrait ou calmé... mes douleurs...

— Puisque madame la comtesse l'exige, — dit Herminie, — je vais lui donner cette potion.

Et la jeune fille, réfléchissant qu'après tout, une dose plus ou moins forte de cordial ne pouvait avoir un fâcheux effet, versa quatre cuillerées de ce réconfortant dans une tasse qu'elle offrit à madame de Beaumesnil.

La comtesse, en prenant la tasse qu'Herminie lui présentait, tâcha de lui toucher la main, comme par mégarde; puis, tout heureuse de sentir, pour la première fois, sa fille si près d'elle, car celle-ci, courbée au chevet de sa mère, tendait la soucoupe pour y recevoir la tasse, madame de Beaumesnil fut longtemps... bien longtemps..., à boire le cordial à petites gorgées; après quoi elle fit un mouvement de gêne et de fatigue si affecté, qu'elle obligea presque Herminie à lui dire :

— Madame la comtesse est fatiguée?

— Un peu... Il me semble que si je restais quelques instans sur mon séant, cela me ferait du bien; mais je suis si faible... que je n'aurai pas la force de me tenir...

— Si madame la comtesse... voulait s'appuyer... sur moi... — dit la jeune fille avec hésitation, — cela pourrait... la délasser un peu...

— J'accepterais, si je ne craignais, en vérité, mademoiselle.. d'abuser de votre obligeance...

Répondit madame de Beaumesnil en cachant sa joie de voir le succès de sa ruse maternelle.

Herminie avait le cœur trop gonflé de tendresse et de larmes pour pouvoir répondre ; elle se pencha sur le lit de la malade, et celle-ci, pendant quelques instans, put appuyer sa tête sur le sein de sa fille...

A ce rapprochement, qui pour la première fois de leur vie, les mettait pour ainsi dire, dans les bras l'une de l'autre, la mère et la fille tressaillirent... leur attitude les empêchait de se voir... sans cela, peut-être, madame de Beaumesnil, malgré son serment sacré, n'aurait pas eu la force de taire plus longtemps son secret, peut-être aussi elle aurait lu dans le regard d'Herminie que celle-ci était instruite du mystère de sa naissance.

Pendant le peu de temps que dura cette scène muette et saisissante entre la mère et la fille.

« — Non, non, pas de criminelle faiblesse,
« — pensa madame de Beaumesnil, en com-
« primant les élancements de son cœur ; —
« que cette malheureuse enfant ignore tou-
« jours ce triste mystère... je l'ai juré...
« N'est-ce pas pour moi un bonheur inespéré
« que de jouir de ses soins affectueux, dont
« elle m'entoure par bonté de cœur, par
« instinct, peut-être !

« — Oh ! plutôt mourir, — pensait à son
« tour Herminie, — plutôt mourir que de

« laisser soupçonner à ma mère que je sais
« que je suis sa fille, puisqu'elle a cru devoir
« me cacher ce secret jusqu'ici... Peut-être,
« d'ailleurs, l'ignore-t-elle elle-même?..
« peut-être est-ce le hasard, seulement le ha-
« sard qui, depuis peu de temps, m'a rap-
« prochée de madame de Beaumesnil... peut-
« être ne suis-je à ses yeux qu'une étran-
« gère. »

A ces pensées simultanées, la mère et la fille dévorèrent leurs larmes cachées, puisèrent un nouveau courage, l'une dans la religion du serment, l'autre dans une résignation mêlée de délicatesse et d'orgueil.

Merci, mademoiselle, — dit madame de Beaumesnil, sans oser pourtant regarder encore Herminie, — je me trouve un peu délassée.

—Madame la comtesse veut-elle permettre que j'arrange ses oreillers avant qu'elle se couche?

— Oui, mademoiselle, puisque vous avez cette bonté, — répondit madame de Beaumesnil... car ce petit service retenait encore sa fille tout près d'elle pendant quelques secondes.

Mademoiselle... Madame la comtesse. On ne saurait exprimer l'accent avec lequel cette mère et sa fille échangeaient entre elles ces froides et cérémonieuses appellations qui jamais ne leur avaient paru plus glaciales.

— Encore merci... mademoiselle, — dit

la comtesse en se recouchant,—je me trouve de mieux en mieux, grâce à vos bons soins d'abord... puis sans doute à ce cordial ;.. je dirais presque... moi si faible tout à l'heure... que maintenant je me sens forte... il me semble que j'aurai une bonne nuit...

Herminie jeta un triste regard sur son chapeau et sur son mantelet.

Elle craignait de se voir congédiée au retour de la femme de chambre, car peut-être il ne conviendrait pas à madame de Beaumesnil d'entendre de musique ce soir là.

Ne voulant cependant pas renoncer à un dernier espoir, la jeune fille dit timidement à sa mère :

—Madame la comtesse... m'avait demandé

hier d'apporter quelques morceaux d'*Obéron*..
je ne sais..., si elle voudra... les entendre...
ce soir?

— Certainement, mademoiselle, — dit vivement madame de Beaumesnil, — vous savez combien de fois votre chant a apaisé mes souffrances. Et ce soir je me trouve si bien... mais si bien, que vous entendre sera pour moi... non pas un calmant... mais un vrai plaisir...

Herminie regarda de nouveau madame de Beaumesnil, et fut frappée du changement qu'elle remarqua dans sa physionomie naguère encore pâle, abattue, et alors calme, souriante et légèrement colorée.

A cette sorte de métamorphose, les funestes pressentimens de la jeune fille se dissipèrent, l'espoir épanouit son cœur ; elle crut sa mère sauvée, par un de ces reviremens soudains, si fréquents dans les maladies de langueur.

Herminie, tout heureuse, alla prendre son cahier de musique et se dirigea vers le piano.

Au-dessus de ce piano, on voyait le portrait d'une petite fille de cinq ou six ans, jouant avec un magnifique lévrier ; elle n'était pas jolie, mais sa figure enfantine avait un grand charme de douceur et de naïveté.

Ce portrait, fait depuis environ dix ans, était celui d'*Ernestine de Beaumesnil*, fille légitime de la comtesse.

Herminie avait deviné, sans qu'elle eût jamais eu besoin de le demander, quel était l'original de ce tableau ; aussi... que de fois, à la dérobée elle avait jeté un timide et tendre regard sur cette petite sœur... qu'elle ne connaissait pas, qu'elle ne devait peut-être jamais connaître !

Encore sous l'influence d'une émotion récente, Herminie, à la vue de ce portrait, ressentit une impression plus profonde que de coutume, durant quelques instans elle ne put détacher ses yeux de ce tableau, tandis qu'elle ouvrait machinalement le piano.

Madame de Beaumesnil suivait d'un regard attendri tous les mouvemens de la jeune fille qu'elle voyait avec bonheur contempler le portrait d'Ernestine.

« — Pauvre Herminie, — pensait la com-
« tesse, — elle a une mère... une sœur... et
« elle ne doit jamais connaître la douceur de
« ces deux mots *ma sœur.., ma mère.* »

Puis, essuyant une larme furtive, madame de Beaumesnil dit tout haut à Herminie toujours attentive devant le portrait.

— C'est... ma fille... quelle douce figure d'enfant !... n'est-ce pas ?

Herminie tressaillit comme si elle eût été surprise en faute, rougit et répondit timidement :

— Pardon... madame... mais... je...

— Oh ! regardez-la... — reprit vivement madame de Beaumesnil, — regardez-la ;

quoiqu'elle soit maintenant jeune fille, et bien changée,.. elle a conservé ce regard si doux, si ingénu ; sans doute, elle est loin d'être belle comme vous, — dit presque involontairement la pauvre mère avec un secret orgueil, et tout heureuse de pouvoir unir ainsi ses deux filles dans une même comparaison, — mais la physionomie d'Ernestine a, comme la vôtre, un charme infini.

Puis, craignant de se laisser entraîner trop loin par l'attrait de cette comparaison, madame de Beaumesnil ajouta tristement :

—Pauvre enfant... puisse-t-elle être mieux portante à cette heure !

— Avez-vous donc des inquiétudes sérieuses sur sa santé, madame la comtesse ?

— Hélas ! à l'époque de sa croissance... sa santé s'est profondément altérée... elle a grandi si vite... qu'elle nous a donné beaucoup de craintes... les médecins l'ont envoyée en Italie... où je n'ai pas pu l'accompagner... retenue ici sur ce lit de douleurs... Heureusement ses dernières lettres sont rassurantes... Pauvre chère enfant, elle m'écrit chaque jour une espèce de journal de sa vie... Rien de plus tendre, de plus touchant que ses naïves confidences... il faudra que je vous fasse lire... quelques passages de ces lettres... Alors vous aimerez Ernestine comme si vous la connaissiez.

-- Oh ! je n'en doute pas, madame, et je vous remercie mille fois de cette promesse... -- dit Herminie sans cacher sa joie, — et puisque les dernières nouvelles de mademoiselle votre fille sont si rassurantes... n'ayez donc aucune crainte pour elle... madame, il y a tant de ressources dans la jeunesse! et que ne peut la jeunesse sous l'influence de ce beau soleil d'Italie, que l'on dit si vivifiant!

Une pensée amère traversa l'esprit de madame de Beaumesnil.

En songeant au coûteux voyage, aux soins extrêmes, aux dépenses considérables nécessitées par la faible santé d'Ernestine, la comtesse se demandait avec une sorte d'effroi, comment Herminie aurait pu faire, pauvre créature abandonnée qu'elle était, si elle se fût trouvée dans la position d'Ernestine, et si, comme à celle-ci, il avait fallu à

Herminie, sous peine de périr, ces soins excessifs, ces voyages dispendieux, seulement accessibles aux grandes fortunes.

Alors madame de Beaumesnil ressentit plus vivement que jamais le désir de savoir comment Herminie avait surmonté les difficultés, les hasards de sa position si précaire, si difficile, depuis le moment où la comtesse n'en avait plus eu de nouvelles, jusqu'au jour récent où elle avait été rapprochée d'elle par une circonstauce inespérée.

Mais comment, sans se trahir, madame de Beaumesnil pouvait-elle provoquer et entendre de telles confidences? A quelles angoisses elle allait peut-être s'exposer en écoutant le récit de sa fille!

Tels étaient les motifs qui, jusqu'alors, avaient empêché madame de Beaumesnil de demander à Herminie quelques révélations sur sa vie passée.

Mais ce jour-là, soit que la comtesse pressentît que le mieux passager qu'elle éprouvait dont elle exagérait de beaucoup l'importance, afin de rassurer sa fille, annonçait peut-être une rechute funeste; soit qu'elle cédât à un sentiment de tendresse irrésistible, encore augmenté par les divers incidents de cette scène, madame de Beaumesnil prit la résolution d'interroger Herminie.

X

Pendant que madame de Beaumesnil était restée silencieuse, songeant aux moyens d'amener Herminie à quelques révélations sur sa vie, la jeune fille, debout et feuilletant son cahier de musique pour se donner une contenance, attendait que la comtesse l'invitât à se mettre au piano.

— Vous allez me trouver bien fantasque, Mademoiselle, — lui dit la comtesse, — car si cela vous était indifférent... je préférerais vous entendre au piano... vers dix heures ;... c'est ordinairement l'heure de ma crise... Peut-être... y échapperai-je aujourd'hui... si ce mieux continue... Dans le cas contraire, je regretterais d'avoir usé trop tôt... d'une ressource qui tant de fois a calmé... mes souffrances... Ce n'est pas tout,... après m'avoir trouvée fantasque,... je crains que vous ne m'accusiez de curiosité, peut-être même d'indiscrétion.

— Pourquoi cela... Madame ?

— Veuillez vous asseoir... là... près de moi, — reprit la comtesse du ton le plus affectueux, — et me dire comment il se fait que...

si jeune encore,... car vous ne devez pas avoir plus de dix-sept ou dix-huit ans ?...

— Dix-sept ans et demi, Madame la comtesse.

— Eh bien ! comment se fait-il qu'à votre âge, vous soyez si excellente musicienne ?

— Madame la comtesse me juge trop favorablement, j'ai toujours eu beaucoup de goût pour la musique, et j'ai appris facilement le peu que je sais.

— Et quel a été votre professeur ?... où avez-vous été enseignée ?

— J'ai été enseignée dans la pension où j'étais, Madame la comtesse...

— A Paris ?

— Je n'ai pas toujours été en pension à Paris, Madame.

— Où étiez-vous donc, avant ?

— À Beauvais ; j'y suis restée jusqu'à l'âge de dix ans...

— Et de là ?

— J'ai été mise en pension à Paris, Madame.

— Et vous y êtes restée... longtemps ?

— Jusqu'à seize ans et demi.

— Et ensuite ?...

— Je suis sortie... de pension, et j'ai commencé à donner des leçons de chant et de piano...

— Et vous avez...

Puis s'interrompant, madame de Beaumesnil ajouta avec embarras.

— Mais, en vérité, j'ai honte de mon indiscrétion ;... si quelque chose pouvait l'excuser... Mademoiselle, ce serait l'intérêt que vous m'inspirez.

— Les questions que Madame la comtesse daigne m'adresser sont si bienveillantes, que je suis trop heureuse d'y répondre... avec sincérité.

— Eh bien donc !!... à votre sortie de pension... chez qui vous êtes-vous retirée ?

— Chez qui ?... Madame la comtesse ?

— Oui... auprès de quelles personnes ?

— Je ne connaissais personne... auprès de qui me retirer... Madame...

— Personne !!.. — dit madame de Beaumesnil avec un courage et un calme héroïques.

Mais, — reprit-elle, — vos parents ?... votre... famille ?...

— Je n'ai pas de parens... Madame la comtesse, — répondit Herminie, avec un courage égal à celui de sa mère, — je n'ai pas de famille...

Puis Herminie se dit à elle-même :

« — Je ne puis plus en douter... elle ignore
« que je suis sa fille... Sans cela, aurait-elle
« la force de m'adresser une pareille ques-
« tion ? »

—Alors,—reprit madame de Beaumesnil, — auprès de qui vivez-vous donc ?

— Je vis... seule... Madame la comtesse.

— Absolument seule ?

— Oui, Madame...

— Et... pardonnez-moi encore cette question ; car... à votre âge... une telle position me semble si exceptionnelle... si intéressante... avez-vous toujours suffisamment de leçons ?

— Oh ! oui, Madame la comtesse, — répondit bravement la pauvre Herminie.

—Je n'en reviens pas... et vous vivez ainsi toute seule, si jeune !

— Que voulez, madame ? on ne choisit pas sa destinée... on l'accepte ;... puis le courage, le travail aidant, on tâche de se faire une vie, sinon brillante, du moins heureuse.

— Heureuse ! — s'écria madame de Beaumesnil avec un mouvement de joie irrésistible, — vous êtes heureuse...

En disant ces mots, l'expression de la figure de la comtesse, l'accent de sa voix, trahirent un bonheur si grand, que de nouveaux doutes revinrent à l'esprit d'Herminie, et elle se dit :

« — Peut-être elle n'ignore pas que je suis
« sa fille ; sans cela, comment tiendrait-elle
« à savoir si je me trouve heureuse ? Il n'im-
« porte ; si elle sait que je suis sa fille... je

« dois la rassurer, afin de lui épargner des
« regrets, des remords peut-être.

« Si je suis pour elle une étrangère, je veux
« encore la rassurer, car elle pourrait croire
« que je désire exciter sa commisération, sa
« pitié.... et mon *orgueil* se révolte à cette
« pensée. »

Madame de Beaumesnil, voulant entendre Herminie lui réitérer une assurauce si précieuse pour son cœur maternel, reprit :

— Ainsi... vous êtes heureuse ? vraiment bien heureuse ?

— Oui, madame, — répondit Herminie, presque gaîment... — très heureuse...

En voyant le charmant visage de sa fille

rayonner ainsi de beauté, de jeunesse et de joie innocente, la comtesse fit un violent effort sur elle-même pour ne pas se trahir, et elle reprit, en tâchant d'imiter la gaîté d'Herminie :

— N'allez pas rire de ma question... mademoiselle... mais, pour nous autres, malheureusement habituées à toutes les superfluités de l'opulence... il est des choses incompréhensibles... Lorsque vous êtes sortie de pension... si modeste que fût votre petit ménage... comment y avez-vous pourvu ?

— Oh! madame la comtesse... — dit Herminie en souriant, — j'étais riche... alors.

— Comment donc cela ?

— Deux années après que j'avais été mise

en pension à Paris... on cessa de payer pour moi cette pension... j'avais alors douze ans... notre maîtresse m'aimait beaucoup... « Mon « enfant... — me dit-elle, — on a cessé de « me payer; mais il n'importe... vous reste- « rez ici, je ne vous abandonnerai pas... »

— Excellente femme !

— Ah ! la meilleure des femmes, madame la comtesse, malheureusement elle n'est plus, — dit tristement Herminie.

Mais ne voulant pas laisser la comtesse sous une impression pénible, elle reprit en souriant :

— Seulement, cette excellente femme avait compté... sans mon défaut... principal. Car puisque vous me demandez d'être sincère avec vous, madame, il faut vous l'avouer... j'ai un bien grand, un bien vilain défaut...

— Quelle prétention ! Voyons ce défaut.

— Hélas ! madame la comtesse... c'est l'ORGUEIL.

— L'orgueil ?

— Mon Dieu, oui... Ainsi, lorsque notre excellente maîtresse me proposa de me garder chez elle par charité... mon orgueil de petite fille se révolta, et je signifiai à ma maîtresse que je n'accepterais son offre qu'à la condition... de gagner par mon travail ce qu'elle voulait me donner pour rien !

— A douze ans?... Voyez-vous la petite glorieuse ? Et comment faisiez-vous pour désintéresser votre maîtresse de pension ?

— En donnant des répétitions de piano aux autres enfants moins fortes que moi ;... car pour mon âge... j'étais assez avancée... ayant toujours eu un goût passionné... pour la musique...

— Et la maîtresse de pension... a accepté votre proposition ?

— Avec joie, madame la comtesse... Ma résolution l'a touchée...

— Je le crois bien...

— De ce moment j'eus, grâce à elle, un assez bon nombre d'écolières... dont plusieurs étaient bien plus grandes que moi. (Toujours *l'orgueil*, madame la comtesse.....) Que vous dirai-je : ce qui avait d'abord été pour ainsi dire... un jeu d'enfant, devint pour moi une vocation... et plus tard une précieuse ressource... A quatorze ans... j'étais seconde maîtresse de piano... aux appointements de douze cents francs... ainsi, madame la comtesse, jugez des *sommes* que j'ai ainsi amassées jusqu'à l'âge de seize ans et demi... car, en pension, je n'avais d'autre dépense que celle de mon entretien...

— Pauvre enfant.... si jeune.... si laborieuse... si noblement fière, et... déjà se suffisant à soi-même. — dit la comtesse sans pouvoir cacher ses larmes.

Et elle reprit :

— Pourquoi avez-vous quitté votre pension ?

— Ayant perdu notre excellente maîtresse, une autre lui succéda ;... mais, hélas ! elle ne ressemblait en rien à ma bienfaitrice... Néanmoins, cette nouvelle venue me proposa de rester à la pension aux mêmes conditions... J'acceptai... mais, au bout de deux mois... mon vilain défaut... et ma mauvaise tête... me firent prendre une résolution désespérée.

— Et à propos de quoi ?

— Autant ma première maîtresse avait été pour moi affectueuse et bonne... autant celle qui lui succéda, fut impérieuse et dure... Un jour...

Et le beau visage d'Herminie se colora d'une vive rougeur à ce souvenir.

— Un jour, — reprit elle, — cette dame m'adressa un de ces reproches... qui blessent à jamais le cœur... elle me dit...

— Que vous dit-elle, cette méchante femme ? — demanda vivement madame de Beaumesnil, car Herminie s'était tout à coup interrompue, n'osant, de peur d'affliger cruellement la comtesse, répéter ces dures et humiliantes paroles qu'on lui avait adressées :

Vous êtes bien orgueilleuse... pour une petite bâtarde élevée dans cette maison par charité.

— Que vous a-t-elle dit, cette femme ? reprit madame de Beaumesnil.

— Permettez-moi, madame, — répondit

Herminie, — de ne pas vous répéter ces cruelles paroles... je les ai, sinon oubliées, du moins pardonnées... Mais le lendemain j'avais quitté la pension avec mon petit trésor... fruit de mes leçons et de mes économies, — ajouta la jeune fille en souriant; — c'est grâce à ce trésor que j'ai pourvu aux frais de mon *ménage,* comme vous dites, madame la comtesse, car dès lors j'ai vécu seule... chez moi.

Herminie prononça ce mot *chez moi* d'un air si gentiment glorieux, important et satisfait, que madame de Beaumesnil, les larmes aux yeux, le sourire aux lèvres et entraînée par le charme de ces confidences ingénues, prit la main de la jeune fille assise à son chevet et lui dit :

— Je suis sûre... mademoiselle l'orgueilleuse, qu'il est charmant votre chez-vous ?

— Oh ! pour cela, madame... il n'y a rien de trop élégant pour moi...

— Vraiment, voyons... combien de pièces à notre appartement ?

— Une seule... avec une entrée... mais au rez-de-chaussée et cela donne sur un jardin; c'est tout petit, aussi j'ai pu me permettre un joli tapis, une tenture et des rideaux de perse, je n'ai qu'un fauteuil, mais il est en velours brodé, par moi bien entendu; enfin je possède peu de chose, mais ce peu... est, je crois, de bon goût... Ce n'est pas tout, j'avais une ambition et je la réaliserai bientôt...

— Et cette ambition ?

— C'était d'avoir une petite bonne... une enfant de treize ou quatorze ans... que j'aurais retirée d'une position pénible, et qui se fût trouvée heureuse avec moi... Cela s'est rencontré à souhait. On m'a parlé d'une petite orpheline de douze ans... du meilleur cœur et du meilleur caractère, m'a-t-on dit... Aussi, madame la comtesse, jugez combien je serai contente quand je pourrai la prendre à mon service... ce ne sera pas d'ailleurs une folle dépense. Ainsi du moins je ne sortirai plus seule pour aller donner mes leçons... et c'est cela qui me coûtait le plus, car vous concevez... madame... une femme seule...

Herminie n'acheva pas, une larme de honte lui vint aux yeux en songeant à la grossière poursuite de M. de Ravil, pénible incident auquel la jeune fille avait été quelquefois exposée, malgré la modestie, la dignité de son maintien.

— Je vous comprends... mon enfant, et je vous approuve, — dit madame de Beaumesnil de plus en plus attendrie. — Mais vos leçons... qui vous les procure?... et puis enfin, ne vous manquent-elles jamais?...

— Rarement, madame la comtesse, et l'été lorsque plusieurs de mes écolières vont à la campagne, j'ai recours à d'autres ressources : je brode au petit point, je grave de la musique, je compose quelques morceaux, et puis enfin j'ai conservé d'amicales relations avec plusieurs de mes amies de pension. C'est grâce à l'une d'elles que j'ai été adressée à la femme de votre médecin, madame la comtesse... lorsqu'il cherchait... une jeune personne... assez bonne musicienne... pour être placée auprès de vous...

A cet instant, Herminie, qui avait commencé son récit, assise sur un fauteuil auprès du chevet de la comtesse, se trouva assise sur le lit... et presque enlacée dans les bras de sa mère.

Toutes deux avaient imperceptiblement cédé, presque sans en avoir conscience, à la toute puissante attraction des sentiments filial et maternel, car madame de Beaumesnil, après avoir fait placer Herminie auprès d'elle, avait osé, l'imprudente mère, conserver entre ses mains une des mains de sa fille, pendant cette narration simple et touchante...

Alors il était advenu ce qui arrive lorsqu'un téméraire, s'approchant de quelque formidable rouage en mouvement, lui donne la moindre prise sur soi : il est aussitôt entraîné par cette irrésistible attraction ; ainsi,... à mesure qu'Herminie racontait à sa mère sa vie passée, elle avait senti la main de madame de Beaumesnil serrer d'abord la sienne... puis l'attirer peu à peu près d'elle, jusqu'à ce qu'enfin... assise sur le lit de sa mère, celle-ci lui eut jeté ses bras autour du cou...

Cédant alors à une sorte de frénésie maternelle, madame de Beaumesnil, au lieu de continuer l'entretien et de répondre à sa fille, saisit la tête charmante d'Herminie entre ses deux mains, et, sans prononcer une parole, la couvrit de larmes et de baisers passionnés...

La mère et la fille restèrent ainsi embrassées dans une muette et convulsive étreinte.

Sans doute leur secret, si difficilement contenu jusqu'alors, et qui une fois déjà leur était venu aux lèvres, leur eût échappé cette fois, si toutes deux n'eussent été soudain rappelées à elles-mêmes, en entendant frapper à la porte de la chambre à coucher.

Madame de Beaumesnil, épouvantée du parjure qu'elle allait commettre, revint heureusement à la raison ; et, confuse, anéantie, ne sachant comment expliquer à sa fille cet emportement de folle tendresse, elle dit d'une voix entrecoupée, en dégageant doucement Herminie de son étreinte :

— Pardon... pardon... mon enfant... Mais je suis mère... ma fille est au loin, son absence me cause des regrets affreux... ma pauvre tête est bien affaiblie,... et, dans mon illusion... un instant... je ne sais comment cela... s'est fait... mais... c'est elle... ma fille... si cruellement regrettée... que j'ai cru serrer sur mon cœur... Soyez indulgente pour cet égarement maternel... il faut,... voyez-vous, avoir pitié... d'une pauvre mère qui se sent... mourir... sans pouvoir embrasser une dernière fois son enfant.

— Mourir ! — s'écria la jeune fille en relevant son visage, inondé de pleurs et regardant sa mère avec épouvante.

Mais entendant heurter de nouveau, Herminie essuya précipitamment ses larmes et eut assez d'empire sur elle-même pour paraître presque calme, en disant à sa mère :

— Voici... la seconde fois que l'on frappe, Madame la comtesse...

— Faites entrer, — murmura madame de Beaumesnil, accablée par cette scène.

La femme de chambre de confiance de la comtesse parut et lui dit :

—Selon les ordres de Madame, j'ai attendu M. le marquis de Maillefort.

— Eh bien ? — demanda vivement madame de Beaumesnil, — viendra-t-il ?

— M. le marquis attend au salon que Madame la comtesse puisse le recevoir.

— Ah !... Dieu soit béni, — murmura madame de Beaumesnil en regardant sa fille, —

le ciel me récompense d'avoir eu la force de tenir mon serment...

S'adressant ensuite à sa femme de chambre :

— Vous allez introduire ici M. de Maillefort.

Herminie, brisée par tant d'émotions et sentant l'inopportunité de sa présence, prit son mantelet et son chapeau afin de se retirer.

La comtesse ne la quittait pas du regard.

C'en était fait...

Elle voyait sa fille pour la dernière fois peut-être ; car la malheureuse mère sentait à bout les forces qu'elle avait puisées dans une surexcitation factice.

Madame de Beaumesnil eut portant le courage de dire à Herminie, d'une voix presque assurée, afin de lui donner le change sur son état :

— A demain... notre morceau d'*Obéron*, Mademoiselle,... vous aurez la bonté de venir de bonne heure..., n'est-ce pas ?

— Oui... Madame la comtesse, répondit Herminie.

—Madame Dupont, reconduisez Mademoiselle , — dit la comtesse à sa femme de chambre, — vous introduirez ensuite M. de Maillefort.

Suivant alors d'un regard déchirant sa fille qui se dirigeait vers la porte, madame de Beaumesnil ne put s'empêcher de lui dire une dernière fois :

— Adieu... *Mademoiselle*...

— Adieu... *Madame la comtesse*... — répondit Herminie.

Et ce fut dans ces mots imposés par un froid cérémonial que ces deux pauvres créatures, brisées, déchirées, exhalèrent leur désespoir à ce moment suprême où elles se voyaient pour la dernière fois.

Madame Dupont reconduisit Herminie sans la faire passer par le salon, où attendait M. de Maillefort.

La jeune fille sortait de l'appartement, lorsque madame Dupont lui dit avec intérêt :

— Vous oubliez votre parapluie, Mademoiselle, et vous en aurez bien besoin, il fait un temps affreux ; il pleut à verse...

— Je vous remercie, Madame, dit Herminie allant prendre son parapluie qu'elle oubliait, auprès de la porte du salon d'attente, où elle l'avait déposé.

En effet, il pleuvait à torrents ; mais c'est à peine si Herminie, abîmée dans sa douleur, s'aperçut que la nuit était pluvieuse et noire, lorsque, sortant de l'hôtel Beaumesnil, elle s'aventura seule, dans ce quartier désert, pour regagner sa demeure.

XI

M. de Maillefort attendait seul dans un salon quand madame Dupont revint le chercher pour l'introduire auprès de madame de Beaumesnil.

La physionomie du bossu n'était plus railleuse comme d'habitude; on lisait sur ses traits une profonde tristesse mêlée d'angoisse et de surprise.

Debout, accoudé à la cheminée, sa tête appuyée sur sa main, le marquis semblait perdu dans ses réflexions, comme s'il eût cherché le mot d'une énigme introuvable; sortant soudain de sa rêverie, il regarda attentivement autour de lui avec mélancolie, et une larme brilla dans ses yeux noirs... passant alors sa main sur son front, comme s'il eût voulu chasser de pénibles souvenirs, il marcha çà et là dans le salon d'un pas précipité.

Au bout de quelques instants, madame Dupont revint dire à M. de Maillefort ;

— Si monsieur le marquis veut se donner la peine de me suivre, madame la comtesse peut le recevoir.

-Et, précédant le marquis, madame Dupont ouvrit la porte du salon qui donnait dans la chambre à coucher de madame de Beaumesnil, et annonça :

— Monsieur le marquis de Maillefort !

La comtesse avait fait, si cela se peut dire, une toilette de malade : ses bandeaux de cheveux blonds, naguère quelque peu dérangés dans les étreintes passionnées dont elle avait accablé sa fille, venaient d'être lissés de nouveau ; un frais bonnet de valenciennes entourait son pâle visage, que son coloris fébrile et factice abandonnait déjà ; ses yeux, naguère brillants de tendresse maternelle, semblaient s'éteindre, et ses mains, tout-à-l'heure si brûlantes lorsqu'elles serraient les bras d'Herminie, déjà se refroidissaient.

A l'aspect de l'altération mortelle des traits de la comtesse, qu'il avait vue éblouissante de jeunesse, de beauté, M. de Maillefort tressaillit, et malgré lui s'arrêta un instant.

Le visage du bossu trahit sa douloureuse surprise, car madame de Beaumesnil, restée seule avec lui, tâcha de sourire, et lui dit :

— Vous me trouvez bien changée... n'est-ce pas... monsieur de Maillefort ?

Le bossu ne répondit rien, baissa la tête ; mais lorsqu'après un moment de silence il releva le front, il était très pâle.

Madame de Beaumesnil fit signe au marquis de s'asseoir dans un fauteuil près de son lit, et lui dit d'une voix affectueuse et grave :

— Je crains que les moments ne me soient comptés... monsieur de Maillefort ; je serai donc brève... dans cet entretien.

Le marquis prit silencieusement place auprès du lit de la comtesse, qui continua :

— Ma lettre... a dû vous étonner ?

— Oui... Madame.

— Et toujours bon... toujours généreux, vous vous êtes empressé de vous rendre auprès de moi.

Le marquis s'inclina.

Madame de Beaumesnil reprit d'une voix profondément émue :

— Monsieur de Maillefort... vous m'avez beaucoup aimée...

Le bossu bondit de surprise, et regarda la comtesse avec un mélange de confusion et de stupeur.

— Ne vous étonnez pas de me voir instruite d'un secret... que seule j'ai pénétré, — dit la comtesse, — car l'amour vrai.... loyal... se trahit toujours auprès de la personne aimée.

— Ainsi, Madame... — balbutia le bossu, à peine remis de son trouble... — vous saviez...

— Je savais tout, — reprit la comtesse, en tendant à M. de Maillefort sa main déjà froide.

Le marquis serra la main de madame de Beaumesnil avec un pieux respect, tandis que ses larmes, qu'il ne contenait plus, inondaient ses joues.

— J'ai tout deviné, — reprit la comtesse... — votre dévoûment sublime et caché, vos souffrances héroïquement souffertes...

— Vous saviez tout? — murmura M. de Maillefort avec hésitation, — vous saviez tout?.. et dans les rares circonstances qui me rapprochaient de vous... votre accueil était toujours gracieux et bon... Vous saviez tout,.. et jamais je n'ai surpris sur vos lèvres un sourire de moquerie; jamais dans vos yeux un regard de dédaigneuse pitié !...

— Monsieur de Maillefort, — répondit la

comtesse avec une dignité touchante,—c'est au nom de l'amour que vous avez eu pour moi... c'est au nom de l'affectueuse estime que votre caractère m'a toujours inspirée... que je viens... à cette heure... peut-être... suprême... vous confier mes plus chers intérêts...

M. de Maillefort répondit avec une émotion croissante :

— Pardon... pardon... Madame... d'avoir un instant supposé qu'un cœur comme le vôtre pouvait railler, mépriser... un sentiment irrésistible, mais toujours respectueusement caché. Parlez, Madame, je me crois digne de la confiance que vous avez en moi.

— Monsieur de Maillefort... cette nuit, j'aurai cessé de vivre.

— Madame...

— Oh ! je ne m'abuse pas. C'est à force d'énergie, c'est à l'aide de moyens factices que je combats depuis quelques heures... les derniers envahissements du mal... Ecoutez-moi donc, car, je vous le dis, les moments me sont comptés...

Le bossu essuya ses larmes et écouta.

— Vous savez de quel affreux accident M. de Beaumesnil a été victime... Par sa mort... par la mienne... ma fille... ma fille Ernestine va rester orpheline... en pays étranger... confiée aux soins d'une gouvernante. Ce n'est pas tout... Ernestine est un ange de candeur et de bonté;... sa timidité est excessive. Tendrement élevée par son père et par moi... ne nous ayant jamais quittés... elle ne sait donc du monde, de la vie, que ce que peut en savoir une enfant de seize ans, qui, par goût, a toujours aimé la retraite et la simplicité... Sans doute... je devrais mourir tranquille sur son avenir... car elle sera la plus riche héritière de France... Cependant... je ne puis me défendre de quelques inquiétudes, en songeant aux personnes qui forcément me remplaceront auprès de ma fille... c'est à M. et madame de La Rochaiguë, ses plus proches parents, qu'elle sera sans doute confiée... Depuis longtemps j'ai rompu avec cette famille, et vous la connaissez assez, pour concevoir mes appréhensions...

— Il serait en effet... à désirer, Madame,

que votre fille eût des tuteurs mieux choisis, mais mademoiselle de Beaumesnil a seize ans, sa tutelle ne saurait être longtemps prolongée ; d'ailleurs les personnes dont vous me parlez... ont plus de ridicules que de méchanceté... elles ne sauraient être réellement à craindre.

— Je le sais;.. néanmoins... la main d'Ernestine devra être l'objet de tant de convoitises... (et déjà même j'ai pu m'en assurer), — ajouta madame de Beaumesnil, en se rappelant l'insistance de son confesseur en faveur de M. de Macreuse, — cette chère enfant sera entourée de tant d'obsessions, que je ne serais complètement rassurée que si je lui savais un ami sincère, dévoué... d'un esprit supérieur et capable enfin d'éclairer son choix... Cet ami presque paternel... soyez-le pour Ernestine... je vous en supplie, monsieur de Maillefort... et je quitterai la vie, certaine que le sort de ma fille sera aussi heureux que brillant.

— Je tâcherai d'être cet ami pour votre fille... Madame... Tout ce qui dépendra de moi, je le ferai.

—Ah!... je respire... je ne crains plus rien pour Ernestine... Je sais ce que vaut une promesse de vous, monsieur de Maillefort, — s'écria la comtesse, dont le visage, pendant un instant, rayonna d'espérance et de sérénité...

Mais bientôt le sentiment de sa faiblesse croissante, jointe à de funestes symptômes, fit croire à madame de Beaumesnil que sa fin approchait ; ses traits, un moment épanouis par la sécurité que lui avait inspirée la promesse de M. de Maillefort au sujet d'Ernestine, exprimèrent de nouvelles angoisses, et elle reprit d'une voix précipitée, suppliante :

— Ce n'est pas tout, monsieur de Maillefort, j'ai un service plus grand encore peut-être à implorer... de votre générosité.

Le marquis regarda madame de Beaumesnil avec surprise.

— Eclairée, soutenue par vos conseils, — reprit la comtesse, — ma fille Ernestine sera heureuse autant que riche... Il n'est pas maintenant d'avenir plus beau, plus assuré que le sien ;.. mais il n'en est pas ainsi de l'avenir d'une... pauvre... et noble créature... que.,. je... que je voudrais... vous...

Madame de Beaumesnil n'osa... ne put continuer.

Résolue d'avance de confier à M. de Maillefort le secret de la naissance d'Herminie, afin de lui gagner à jamais l'appui de cet homme généreux, la comtesse recula devant la honte d'un pareil aveu, qui eût aussi violé la sainteté du serment qu'elle avait juré.

Le marquis, voyant l'hésitation de madame de Beaumesnil, lui dit :

— Qu'avez-vous, Madame?.. veuillez de grâce m'apprendre quel autre service... je puis vous rendre. Ne savez-vous pas... que vous pouvez disposer de moi... comme du meilleur de vos amis ?...

— Je le sais... oh ! je le sais, — répondit madame de Beaumesnil avec une angoisse profonde ; — cependant.... je n'ose.... je crains...

Et les mots expirèrent encore sur les lèvres de madame de Beaumesnil.

Le marquis, voulant lui venir en aide, touché de son trouble, reprit :

— Lorsque vous vous êtes interrompue, Madame, vous me parliez, je crois, de l'avenir d'une pauvre et noble créature... Qui est-elle ?... comment pourrai-je lui être utile ?...

Vaincue par la douleur et par une faiblesse

croissante, madame de Beaumesnil cacha son visage dans ses mains et fondit en larmes;... mais, après un moment de silence, attachant sur le marquis ses yeux noyés de pleurs et tâchant de se montrer plus calme, elle lui dit d'une voix entrecoupée.:

— Oui... vous pourriez être... d'un grand secours à une pauvre jeune fille... digne.., à tous égards... de votre intérêt... car elle... est... voyez-vous?.. bien malheureuse.., orpheline... sans appui... sans aucune fortune.. mais pleine de cœur... et de fierté, il n'en est pas, je vous jure, de plus vaillante au bien et au travail... enfin, c'est un ange...—ajouta la comtesse avec une exaltation dont M. de Maillefort fut frappé.

— Oui, — reprit madame de Beaumesnil

en fondant en larmes, — c'est un ange... de courage, de vertu; et c'est pour cet ange que je vous demande,. à mains jointes,.. votre paternel intérêt... comme je vous l'ai demandé pour ma fille Ernestine. Oh! monsieur de Maillefort... je vous en supplie... ne me refusez pas...

L'exaltation de madame de Beaumesnil, en parlant de cette orpheline, son trouble, son visible embarras, cette recommandation suprême qu'elle adressait à M. de Maillefort, le suppliant de partager son affection entre Ernestine et cette jeune fille inconnue, toutes ces circonstances excitèrent de plus en plus l'étonnement du marquis.

Pendant un instant, il garda malgré lui le silence;.. puis soudain... il tressaillit; une pensée douloureuse lui traversa l'esprit, il se souvint des bruits calomnieux, infâmes (il les avait du moins jusqu'alors considérés comme tels) dont madame de Beaumesnil avait autrefois été l'objet, et dont le matin même il avait voulu la venger en provoquant M. de Mornand sous un prétexte futile.

Ces bruits étaient-ils fondés? L'orpheline à qui madame de Beaumesnil semblait porter un intérêt si profond, lui était-elle chère à un titre mystérieux? était-elle le fruit d'une faute?

Mais bientôt le marquis, plein de confiance et de foi dans la vertu de madame de Beaumesnil, repoussa ces fâcheux soupçons, se reprochant même de s'y être un moment laissé entraîner.

La comtesse, presque effrayée du silence du bossu, lui dit d'une voix tremblante, altérée :

— Excusez-moi, monsieur de Maillefort, j'ai abusé... je le vois... de votre générosité;... il ne me suffisait pas d'avoir obtenu l'assurance de votre paternelle protection pour ma fille.,. Ernestine... j'ai encore voulu vous intéresser... à une pauvre... étrangère... Veuillez, je vous en prie, me pardonner...

L'accent de madame de Beaumesnil, en prononçant ces mots, avait quelque chose de si poignant, de si désespéré, que M. de Maillefort eut de nouveaux doutes navrants pour son cœur;... il voyait s'évanouir l'une de ses plus nobles, de ses plus chères illusions: madame de Beaumesnil n'était plus pour lui... cette créature idéale qu'il avait si longtemps adorée.

Mais, prenant en pitié cette malheureuse mère, et comprenant tout ce qu'elle devait souffrir, M. de Maillefort sentit ses yeux se mouiller de larmes, et lui dit d'une voix émue :

— Rassurez-vous, Madame... à mes promesses je ne faillirai pas... L'orpheline que vous me recommandez, me sera... aussi chère que mademoiselle de Beaumesnil... j'aurai deux filles au lieu d'une.

Et il tendit affectueusement la main à la comtesse, comme pour consacrer sa promesse.

— Maintenant, je puis mourir en paix, — s'écria madame de Beaumesnil.

Et avant que le marquis eût pu s'y opposer, elle pressa de ses lèvres déjà froides, la main qu'il lui avait offerte.

A cette expression de reconnaissance ineffable, M. de Maillefort ne douta plus que madame de Beaumesnil n'eût une fille naturelle.

Tout-à-coup, soit que tant d'émotions eussent épuisé les forces de la comtesse, soit que les progrès de la maladie, un moment dissimulés sous un bien-être trompeur, eussent alors atteint toute leur intensité, madame de Beaumesnil fit un brusque mouvement et ne put retenir un cri de douleur.

— Grand Dieu ! Madame ! — dit vivement le marquis, effrayé de la subite altération des traits de la comtesse, — qu'avez-vous ?

— Ce n'est rien, — répondit-elle héroïquement, — ce n'est rien... une légère... douleur ; mais... tenez... prenez vite cette clé, je vous prie...

Et la comtesse remit à M. de Maillefort une clé qu'elle prit sous son oreiller.

— Ouvrez... ce... secrétaire...

Le marquis obéit.

— Dans le tiroir du milieu... prenez... un portefeuille... Le trouvez-vous ?...

— Le voici.

—Gardez-le... je vous prie... il contient une somme... dont je puis disposer... ou plutôt dont je suis... dépositaire, — dit la comtesse en se reprenant, — cette somme mettra du moins pour toujours à l'abri du besoin, la jeune fille que je vous recommande... Seulement, — ajouta la pauvre mère d'une voix de plus en plus affaiblie, — vous me promettez... de ne jamais... prononcer... mon nom... à cette orpheline... de ne jamais lui révéler quelle est la personne... qui... vous a chargé... de lui remettre cette... petite fortune... Mais dites bien... oh! dites à cette malheureuse enfant, qu'elle a été... tendrement aimée... jusqu'à la fin... et que... il a... fallu...

Les derniers mots de la comtesse, dont les

forces s'épuisaient, furent inintelligibles pour le marquis.

— Mais ce portefeuille... à qui le remettre... Madame?... Cette jeune fille... où la trouverai-je, quel est son nom?... — s'écria M. de Maillefort, alarmé de la rapide décomposition des traits de madame de Beaumesnil et de l'oppression qui pesait sur sa respiration.

Au lieu de répondre aux questions du marquis, madame de Beaumesnil se renversa en arrière, jeta un cri déchirant et croisa ses mains sur sa poitrine.

— Madame... parlez-moi! — s'écria le marquis en se penchant vers madame de Beaumesnil, bouleversé de douleur et d'effroi, — cette jeune fille... où la trouverai-je?... qui est-elle.

— Oh! je me meurs... — murmura madame de Beaumesnil en levant les yeux au ciel.

Et, dans un dernier effort, elle balbutia ces mots :

— N'oubliez pas... le serment... ma fille... l'orpheline...

Au bout de quelques instants, la comtesse mourut.

M. de Maillefort, en proie à un profond et amer chagrin, ne douta plus que l'orpheline dont il ignorait le nom, et qu'il ne savait où chercher... ne fût la fille naturelle de la comtesse.

LES PÉCHÉS CAPITAUX.

Le convoi de madame de Beaumesnil fut splendide.

M. le baron de la Rochaiguë le plus proche parent de la famille, conduisait le deuil.

M. de Maillefort, convié par billet *de faire part,* ainsi que les autres personnes de la société de madame de Beaumesnil, s'était joint au funèbre cortège.

Dans un coin obscur de l'église, agenouillée et comme écrasée sur la dalle par le poids de son désespoir, une jeune fille, inaperçue de tous, priait en étouffant ses sanglots.

C'était Herminie.

FIN DU PREMIER VOLUME.

SOUS PRESSE :

La Chasse aux diamants.................. »
Le Bout de l'oreille...................... »

OUVRAGES D'ALEXANDRE DUMAS FILS.

La Dame aux Camélias................... 2
Césarine............................... 1
Aventures de quatre femmes............. 6

SOUS PRESSE :

Le Roman d'une femme.................. 4
Le Docteur Servan...................... 2
Diane de Lys........................... 2
Un amour véritable..................... 4

Corbeil, imprimerie de Crété.

www.ingramcontent.com/pod-product-compliance
Lightning Source LLC
Chambersburg PA
CBHW071559170426
43196CB00033B/1208